领导力

跟孙子兵法学

[日] 伊丹敬之 *Hiroyuki Itami* / 著

鲁敏慧 魏仙丽 / 译

华夏出版社
HUAXIA PUBLISHING HOUSE

图书在版编目（CIP）数据

跟孙子兵法学领导力 /（日）伊丹敬之著；鲁敏慧，魏仙丽译. -- 北京：华夏出版社有限公司，2020.8
ISBN 978-7-5080-9833-3

Ⅰ．①跟… Ⅱ．①伊… ②鲁… ③魏… Ⅲ．①《孙子兵法》—应用—企业管理—研究 Ⅳ．①F272

中国版本图书馆CIP数据核字（2019）第173745号

Original Japanese title: SONSHI NI KEIEI WO YOMO
Copyright © 2014 Hiroyuki Itami
Original Japanese edition published by Nikkei Publishing Inc.
Simplified Chinese translation rights arranged with Nikkei Publishing Inc.
through The English Agency (Japan) Ltd. and Eric Yang Agency, Beijing Office

北京市版权局著作权登记号：图字01-2019-2224号

跟孙子兵法学领导力

著　　者	[日]伊丹敬之
译　　者	鲁敏慧　魏仙丽
责任编辑	裘挹红　卫清静
出版发行	华夏出版社有限公司
经　　销	新华书店
印　　装	三河市少明印务有限公司
版　　次	2020年8月北京第1版 2020年8月北京第1次印刷
开　　本	787mm×1092mm　1/32
印　　张	8
字　　数	110千字
定　　价	45.00元

华夏出版社有限公司　地址：北京市东直门外香河园北里4号　邮编：100028
网址：www.hxph.com.cn　电话：（010）64618981
若发现本版图书有印装质量问题，请与我社营销中心联系调换。

推荐序

好的领导总是人事合一、雌雄同体

我相信,在中国没有人不知道《孙子兵法》,但很少人真正读过它。我们经常不自觉地引用《孙子兵法》中的语句,却也经常搞不清它究竟出自何处,例如"知己知彼,百战不殆""上下同欲者胜""君命有所不受"……可以说,《孙子兵法》以其深刻的见解与巨大的影响力参与塑造过我们的文明史,但对于现在的读者——互联网一代,《孙子兵法》又显得有那么一点儿古旧。假如你在飞机上看到一位商业人士正在读《杰克·韦尔奇自传》,这好像是一件再正常不过的事——尽管这位通用电气的传奇CEO早在2001年就退休了,但如果有人还在读《孙子兵法》,就好像多少有那么一点儿奇怪。

《跟孙子兵法学领导力》缩短了这种距离感。阅读它的感受实在太有趣了。我们常说，读好书是与智者对话。而这本书，由一位日本商科教授品评《孙子兵法》，可以说在我开卷之际，就呈现出三重对话：现代之于古代，日本作者之于中国古籍，商业之于军事。因此，整本书读下来处处充满"他者"的视角，更容易让我们看到自己，且平添了一种跨越时空的相逢与共鸣的美妙之感，好像孙子老人家重新在眼前活了过来，他如此亲切，如此睿智，毫不过时，而重读《孙子兵法》，又如此必要。

事实上，道理不分新旧，只分对错，就像我们小时候读的《三字经》对人生仍有帮助。不过，尽管心理上已有准备，但《孙子兵法》还是震撼到我，只是遗憾此前没有从做企业的角度想过它，也没有读懂。比如孙子认为，打仗时需关注五个关键因素，"一曰道，二曰天，三曰地，四曰将，五曰法"（第一篇《计篇》），即"道天地将法"。此中很有深意，"道"指的是君主与民众的目标相同，意愿统一，或者说是"师出有名"；"天"是指气候、寒暑、昼夜，"地"则指地形，"天"和"地"都是指向实际作战时的外部环境因素。如果转换成商科语言，"道"是使命或经营理念，即我们为什么要做这件事；"天"可以类比为宏观环境分析，例如政治、经济、社会、技术等各方面环境；"地"指的是中观环境分析、产业趋势与竞争格局。

"将"就更自然了。无论是军事还是商业，点将都至关重要，甚至是"领导（Leader）定生死"。最后孙子又谈到"法"，他只用了六个字，曲制、官道、主用。"曲制"是指军队的组织结构，"官道"是指职位和权限，"主用"则是指管理制度。读到此处，你是不是觉得跟现代的企业管理几乎一模一样？但孙子只用了寥寥六个字。道天地将法，微言大义！

当然，这也要归功于作者选取的角度。本书的作者伊丹敬之长期任教于日本一桥大学，该校的商科教育是公认的日本第一，而伊丹是日本的大师级学者。我在十几年前读到伊丹先生的《经营战略的内在逻辑》一书，就常有击节之感，遗憾此书在国内未得到应有的重视。写作《经营战略的内在逻辑》时，伊丹正值壮年，但三十年后写作本书时，已年近七十。

他在书中写到,"也许是因为年龄的关系吧,近来我所阅读的中国古典作品也越来越多,于是决定接受崛口先生的提议。对我自己而言,作为经营学学者,从经营的观点来解读《孙子兵法》,也是一件饶有趣味的事情"。或许正是因为这样的写作心境,让本书没什么大学者的说教气,倒多了几分小品文的雅趣。伊丹先生从《孙子兵法》中选取了30句话,一一品读开去,很像是听老人家唠家常、讲故事,颇有人生况味之感。

在伊丹看来,《孙子兵法》最早虽是为王侯将相所写,但对经营企业、带领团队而言也极具参考价值,因为这一切都关乎领导力。伊丹认为,其最难能可贵之处首先在于孙子对人性的深刻剖析,然后对于国防和战争,"总是能从'物理'和'心理'两个方面来进行思考,这可以说是孙子对事物看法的根本所在"。

比如,孙子谈到,"夫未战而庙算胜者,得算多也","多算胜,少算不胜,而况于无算乎",这都是"物理"的角度、事的角度,强调在开战之前要多计算、多谋划、多做逻辑推理。

但孙子又谈到,"故知胜有五:知可以战与不可以战者胜,识众寡之用者胜,上下同欲者胜,以虞待不虞者胜,将能而君不御者胜"。这其中大多我们可以直接读懂,"虞"指的是"准备",最后一句更为精彩,指的是"将领精通军事、精于权变,君主又不加干预的,胜"。这就是从"心理"角度来考虑问题的,尤其是站在将领、下属的角度,以提醒上级不要把手伸得太长。而相似的场景,我们在企业中也经常能够遇到。

伊丹敬之将"知胜有五"解读为,这是经营的五种状态,如果全都齐备,那么企业则能赢得胜利,取得发展。可以说,所谓经营的本质就是呈现出这种"应用状态"——

◎在所处环境中对自己准确定位

◎熟练运用现场的人力和物力

◎统一人心

◎做好万全准备

◎主动放权给实际经营现场

孙子指出,"故君之所以患于军者三:不知军之不可以进而谓之进，不知军之不可以退而谓之退，是谓縻军；不知三军之事而同三军之政，则军士惑矣；不知三军之权而同三军之任，则军士疑矣"。

实际上，这段话就有很强的组织行为学逻辑了，讲的都是情理之言。伊丹敬之提醒到，"经营者有必要非常留意自己的言行会给经营现场带来怎样的影响，即不能束缚现场，不能使一线工作人员不知所措，不能使工作人员产生疑虑"；"经营者有必要给实际经营现场描绘出大的发展蓝图，但是，如果事事都要自己来掌控，那么，实际经营现场既无法采取随机应变的策略，也无法提高一线工作人员的热情"。

我们在日常生活中也经常见到极具热情的经营者、创始人，他们往往创意非凡，是构建商业模式、赢取市场竞争的好手，而且通常行动敏捷，习惯于身先士卒。但常常一个人的缺点就是其优点的过度化。因此，我给企业做顾问时也常常提醒他们，眼里不能只有胜负，没有人情世故。领导力很重要的一点就是人事合一，既见"物理"，又见"心理"。

伊丹敬之还特别注意到《孙子兵法》在阐述观点时

的逻辑顺序和辩证性。比如在谈到领导者的品质时，孙子谈到，"将者，智、信、仁、勇、严也"。这五点真是勾勒得非常准确，同时伊丹指出，"五点分析法"和"先后顺序"是孙子的思考方式中重要的构成因素，"智"要排在第一位。孙子不断强调作战中逻辑推导能力的重要性，例如"多算胜""胜兵先胜而后求战"，而逻辑必须由智慧来支撑，智力低下的人无法构筑属于自己的逻辑体系，尤其在战场上，将领是孤独的，最终的决策往往都需要自己来做。

但问题是，"信"和"仁"排在"勇"和"严"之前。伊丹认为，这是有深意的。如果从"领导—成员"关系来看，要想被战场上的士兵尊重、真心实意地追随，首先就得让他们觉得"这个人靠得住"，这时，"信"和"仁"就比"勇"和"严"更为重要了。反过来看，如何才能充分发挥全体成员的力量？上下级之间如何才能勠力同心？设想如果一个组织的内部都是讲"勇"和"严"的领导，那么这个组织恐怕很难团结起来，对业务现场而言也是不幸的。

《孙子兵法》其他章节的观点也可予以佐证，如

"视卒如爱子,故可与之俱死"(第十篇《地形篇》)。伊丹解释道,比孙子所处时代稍晚的魏国将军吴起用行动再现了孙子的这段论述。当时,吴起与士兵们同吃同睡,甚至亲自用嘴为负伤的士兵吸出伤口的脓水,爱兵如子,士兵也自然对吴起感激涕零。但一位士兵的母亲听到此事后却号啕大哭,颇令人不解,这位母亲这样答道:

"吴将军过去也曾为这孩子的父亲吸过伤口的脓水,他因此对将军感激不尽,为将军打仗,就是丢了性命也在所不辞,于是就这样战死沙场了。我想到这孩子肯定也难逃一死,不禁悲从中来。"

伊丹继续解释道,"正如孙子所言,时刻提醒自己以正确的方式对待士兵,投以充满温情的目光,这样的将领在中国为数不少。重视士兵的感情,对士兵投以对待爱子般的目光,这对将领而言,也是必备条件之一"。

可以说,这也是一种辩证。带兵打仗的人,作风硬朗、军纪严明是一种常态,但另一方面,"自古名将多爱兵",将领某种意义上就是既当爹又当妈。这体现出矛盾的对立统一——心有猛虎,细嗅蔷薇;对事严格,对人善良；一方面是"把话说透"，另一方面是"把爱给够"。就像英国经济学家马歇尔所倡导的，"Cold head, but Warm hearts"。用我的话说就是，好的领导总是能够做到雌雄同体、兼顾悖论。怕的就是，"hot heads and cool hearts"。

以上是我想跟读者们分享的我读这本书的感受。《孙子兵法》的内涵丰富，伊丹先生的阐释又很到位，就不再一一列举。

况且读这本书时，还经常生出一种惭愧之感，就是日本社会、日本学者对中国古籍、中国历史的了解，有时甚至会超过我们自己。比如，被誉为日本战国第一名将的武田信玄，他的战队军旗上就写着"风林火山"这四个字，而这四字语出《孙子兵法》的"其疾如风，其徐如林，侵掠如火，不动如山"。伊丹在书中也谈到武田信玄深受孙子的影响。他也谈到吴起、韩信、曹操的故事，以及曹操是怎样读《孙子兵法》的。想起戴季陶先生曾做出的感慨，"日本已将中国放在手术台上解剖过千百次，而中国呢？"

伊丹先生在本书后记的最后一句话写到，"当下的日本，需要的或许正是孙子"。而我希望的是，这本书能让更多的中国年轻人，重新发现孙子。

丛龙峰

管理学博士

和君商学首席管理学家

2019 年 11 月于南开园

序

《孙子兵法》
——一本物理与心理之书

相传公元前5世纪到公元前6世纪左右，中国古代的春秋战国时期，孙子（名武）著成了《孙子兵法》这一兵书，距今已有2600年之久。

该书篇幅短小，全书仅近6000字，从古至今，出版的版本却不胜枚举。本书引用的岩波文库版本（即金谷治译注版《新订孙子》)，包括汉字原文、日文注解文、注释与现代日语译文，总共篇幅不到160页，如果仅算汉字原文恐怕不足40页。

《孙子兵法》一书由13篇构成，分别为：计篇（第一篇）、作战篇（第二篇）、谋攻篇（第三篇）、形篇（第四篇）、势篇（第五篇）、虚实篇（第六篇）、军争篇（第七篇）、九变篇（第八篇）、行军篇（第九篇）、地形篇

（第十篇）、九地篇（第十一篇）、火攻篇（第十二篇）、用间篇（第十三篇）。每篇虽言简意赅，标题和正文却博大精深。

这部言简义丰、流传至今，成为世界经典之作的兵书，古往今来更是被众多的武将奉为圭臬。

其中，最为人所知的当属《三国志》中大名鼎鼎的魏武帝曹操了，为了使其部下将领更好地行军打仗，曹操更是亲自为《孙子兵法》注解，并留下了《魏武帝注孙子兵法》一书，足可见他对其追捧程度。时值公元2世纪左右，距孙子去世已有600余年。

然而，《孙子兵法》不仅仅是军事杰作，也有很多人将其作为经营和管理书籍加以学习和利用。

该书虽是为掌握国家战争领导大权的王侯将相而写，讲的是他们应如何看待战争，在作战时应采取何种策略，但其内容对经营企业和国家，以及如何领导团队而言也极具参考价值。

其参考价值的源泉，首先可能在于孙子对人性的深刻剖析。在《孙子兵法》一书中，对于王侯将相易犯之错、战场士兵心理的剖析，无一不体现出孙子对其所投以的冷峻又充满温情的视线。

其次，关于国防和战争，总是从"物理"和"心理"两个方面来进行思考，这可以说是孙子对事物看法的根本所在。我个人理解，孙子认为拥有战争指挥大权之人，必须同时对战争的物理性质以及将士的心理予以关注。正是其多元视角，才孕育出如此轮廓清晰的逻辑体系。

正是因为有"对人性的深刻剖析"和"同时关注物理与心理"这两大根源，笔者才能从《孙子兵法》中得出关于经营和管理的深刻的启示意义。所谓经营，就是指领导团队和指挥团队，为此对人性必须有深刻的理解。另外，在商业活动的现场，根据对经济力学和一线员工心理状态的理解，一切商业活动都有可能发生变动。仅仅从单方面出发，将无法理解经营的全部。《孙子兵法》的这两大根源所在，对经营可谓有着非凡意义。

除此之外，《孙子兵法》篇幅短小，语言精练，无形中可能会刺激读者思考，激发读者的洞察力。

《孙子兵法》也并非在不厌其烦地阐述理论，而是开门见山，直接提出结论。全书中名言警句般充满深奥含义的语句更是数不胜数，如同锋利的日本刀一般，给读者一种"靠近则格杀勿论"的感觉，不禁使人正襟危坐。

另外，正是因为语言精练之处众多，不禁让人更加想要仔细揣摩字里行间的奥妙之处，因此，才会如此引人思考吧。

孙子以各式各样的战争形态和自身丰富的经验为基础，从中提炼出理论精华，著成了这部言简义丰的军事杰作。根据司马迁的《史记》记载，孙子曾担任将军效命吴王，因此，除了自身经验，孙子还考察了无数同时代以及历史上的众多事件。

在对历史以及同时代事件的观察中，孙子对战争、国家、王侯将相，甚至征战沙场的将士的心理都进行了深入的思考与探索，想要由此探索出万事相通的逻辑理论。

孙子的努力，使《孙子兵法》成为一部无与伦比的经典圣书。

而我将会从经营的角度，试着去解读这本兵家经典圣书。

目 录

第一章　经营的本质　/// 001

一　兵者，国之大事

　　经营者须考虑，何为企业之大事　/// 003

二　一曰道，二曰天，三曰地，四曰将，五曰法

　　首先以理念统一人心　/// 010

三　多算胜，少算不胜，而况于无算乎

　　逻辑推论，决定未来　/// 017

四　知胜有五

　　上下团结一心，经营者不干预现场　/// 024

五　君之所以患于军者三

　　有所为，有所不为　/// 032

第二章　将领应有的姿态　/// 039

一　将者，智、信、仁、勇、严也

　　领导者应该具有比勇敢、严明更为重要的品质　/// 041

二 是故百战百胜，非善之善者
不战而胜 /// 048

三 聚三军之众，投之于险，此谓将军之事也
胆大心细向前冲 /// 055

四 君命有所不受
允许有正当理由的抗命 /// 063

五 将有五危
目光短浅，招致危险 /// 070

第三章 用兵之道 /// 077

一 兵贵胜，不贵久
保持昂扬的斗志 /// 079

二 故兵之情，不得已则斗
陷入绝境时迸发出的巨大能量 /// 086

三 视卒如爱子，故可与之俱死
冷静的头脑，炙热的内心 /// 093

四 令之以文，齐之以武
文武兼施，德威并重 /// 100

五 犯之以事，勿告以言
百言不如一行 /// 107

第四章 战略的精髓 /// 115

一 凡战者,以正合,以奇胜

　　正面攻击配合兵行险招 /// 117

二 胜兵先胜而后求战

　　事前的充分准备是取胜的秘诀 /// 124

三 兵之形,避实而击虚

　　攻击物理与心理之弱处 /// 131

四 致人而不致于人

　　掌握主导权是战略的关键 /// 138

五 兵者,诡道也

　　出其不意,攻其不备 /// 145

第五章 战略性思考 /// 153

一 知己知彼,胜乃不殆

　　知己彼是战略的出发点 /// 155

二 智者之虑,必杂于利害

　　先思害,后顾利 /// 161

三 以迂为直,以患为利

　　大胆前行、诱导、积累 /// 168

四 作之而知动静之理,角之而知有余不足之处

　　首先行动,然后从细节中汲取信息 /// 176

五　始如处女，后如脱兔

　　学习能力至关重要　///183

第六章　气势是经营的关键　///191

一　激水之疾，至于漂石者，势也

　　现场良好心态的本质在于气势　///193

二　势如彍弩，节如发机

　　瞄准目标，一鼓作气　///200

三　善战者，求之于势，不责于人

　　气势超越人才　///207

四　兵有弛者，有陷者，有崩者，有乱者

　　组织崩溃的力学　///214

五　兵无常势，水无常形

　　经营是变化的　///221

结　余韵　///229

后　记　///233

第一章
经营的本质

一

兵者，国之大事
——经营者须考虑，何为企业之大事

> "战争，是国家的大事，它关系到军民的生死，决定着国家的存亡，是不可以不认真考察、了解、研究的。"
>
> "兵者，国之大事，死生之地，存亡之道，不可不察也。"（第一篇《计篇》）

如序中所介绍的，《孙子兵法》这部篇幅短小的兵书，由13个篇章构成。书中有关经营的深邃论述不计其数。我从这些论述中，选出30句精彩名句，作为经营的论题，并系统化为具体篇章，著成此书。当然，此书和《孙子兵法》一书原本的构成完完全全不同。

在此体系中，第一章便是"经营的本质"。换言之，

就是经营者应有的姿态。接下来的五章分别是"将领应有的姿态""用兵之道""战略的精髓""战略性思考""气势是经营的关键"。

说到经营的本质,最想引用的孙子原话,莫过于本节的标题(本书章节的标题,原则上都引用孙子的原话)。《孙子兵法》第一篇"计篇"主要描写"兵法制胜","兵者,国之大事"这句话就是其开头论述的部分。也就是说,在《孙子兵法》全文中,每一篇开头论述的部分,都是孙子言论中最为著名的。

孙子所说的"兵",具有多种多样的含义。有时候,兵指打仗(战争行为)。有时候,兵又指征战沙场的将士。更有甚者,指具有更广意义的国防。说到国防,它是一种国家行为,其内部既有将领指挥战争的这种行为,又有杀敌入阵的士兵。国防、战争、士兵三者可谓同心圆的关系,正好包括了"兵"的三种含义。

"兵者,国之大事"中的"兵",我认为作为"国防"来考虑最为贴切。所谓战争,是指"战场上发生的事情"或者"作战的方法",比起这种解释,我认为包括打仗的

第一章　经营的本质

事前准备和为避免战争所进行的外交手段这种范围较广的解释，更符合这里所说的"兵"。

孙子生活的春秋战国时代，中原大陆中心地带分裂成数个小国，是一个战争不断的时期。为了求得生存，诸侯争霸，战火纷飞。在这样一个乱世，国防被视为国家大事，可谓再正常不过了。国防决定百姓生死、国家存亡这种看法本身也无可厚非。

然而，我认为，孙子在这一篇里想要强调的是国家对国防这一大事应该采取何种姿态。

我把它解释为两种基本姿态，这两种姿态都可以把国防替换成企业经营进行解读。

第一种姿态是"正因为国防很重要，所以要抓住少数重点，合理去考虑此事"。第二种姿态是"正因为国防很重要，所以这是君主的责任"。

关于第一种，我想，如果再加上"仅从精神上来强调重要性是行不通的""没有重点，左思右想的伤脑筋也是行不通的"这两点，即使经营者来看，也会非常赞同的吧。

在这开头的后面，接着是如下论述：

"故经之以五事，校之以计，而索其情。"

这里是说，孙子具体地介绍了事物的五个关键因素（详见下一节）。仔细斟酌的话，为了进一步比较这五个因素，则又要考虑到另外七种情况。这的确可谓合理的思考模式。孙子又继续乘胜追击，补充道：寻求有关这些关键要素的重要信息非常重要。强调信息的重要性，也是《孙子兵法》的特点之一。

抓住少数重点战略进行比较，以此为基础来思考，这与现代的经营教科书大致相同。说到成功的关键因素(KFS，Key Factors for Success)，即使现在也经常有所耳闻。另外，强调它是一种合理的思考方式，是因为，也许现在这听起来理所当然，而在古代，那是一个甚至会用占卜去决定作战方法的时代，这可以说是非常先进的思考方式了。

哪怕是在现代的经营战略中，加入了企业内部力学和企业外部力学，不甚合理的战略也经常出现。因此，不能简单地认为孙子的言论是再普通不过的事情。

《孙子兵法》第十二篇《火攻篇》的一节中，孙子曾

第一章　经营的本质

规谏道，国家的君主不可因一时愤怒这种不合理的原因发动战争。原文为：

"合于利而动，不合于利而止。"（第十二篇《火攻篇》）

也就是说，符合国家利益才用兵，不符合国家利益就停止。所谓利，是指整体利益。符合国家的整体利益是判断其合理性的基本标准，这是孙子一贯坚持的想法。

第二种姿态"正因为是国之大事，所以国防是君主的责任"，听起来也理所当然。但是，在企业经营领域，有些经营者在处理企业的重要之事时，太过于依赖专业的咨询管理公司，甚至经常能看见被咨询管理公司肆意摆布的经营者。因此，强调这第二种姿态，也是有其现实意义的。

出现在《孙子兵法》中的人物主要有国家的君、将、士、兵四种。君指拥有国家最高领导权的君主，将指指挥作战的将军，士指战场上作为中层领导的士官，当然，还有实际入阵杀敌的士兵。

经常有人误以为，在这四种人当中，国防的责任人是在战场上指挥战争的将领。这是因为，他们错误地认为，"关于国防和战争，征战沙场的将领当然是当之无愧的专家，拥有这种专业知识的将领也自然是国防的负责人"。

不可否认，战争一旦发生，如何行军作战是在战场上带兵打仗的将领的工作。但是，战场上的战争并不是国防的全部。不如说，在尚未发生战争时，对于国防的各种深谋远虑更符合国防的定义。如与其他国家缔结同盟关系、为加强国家军事战斗能力而确保相关资源、提高国民的国防意识等。

因此，国防的重任在于君主。放到现代来说，其责任在于最高的政治领袖。这就是所谓的"兵者，国之大事也"，也是孙子这句名言的第一层含义。

第二次世界大战时，英国的首相温斯顿·丘吉尔也对孙子的这句话大为赞同。

并非军人出身的大政治家丘吉尔，在第二次世界大战时，实际上处于同盟国外交和军事战略决策的中心地位。关于这一点，通过阅读他的名著《第二次世界大战回忆录》就能一目了然（他因此书而被授予诺贝尔文学奖）。实际上，作为英国的首相，他除了是政治领袖以外，同时也担任国防的最高负责人。

第一章 经营的本质

丘吉尔不仅在决定重大战役时发挥着中流砥柱的作用,同时也是外交事务的核心人物。例如,他在积极推动美国参与欧洲战线、确保美国提供物资等方面发挥了不可替代的作用。

如果没有丘吉尔,以闪电式作战席卷法国的希特勒恐怕也会将魔爪伸向英国,希特勒统治欧洲的可能性也将大大增加。这即是所谓的政治家丘吉尔承担了国防最高指导权的责任。

把孙子这句话放到企业的角度来解释,那么,决定企业生死存亡的则是掌握企业生命线的技术,技术是企业存亡的根基,是企业竞争力的源泉。同国防一样,技术也需要专家团队,他们只是技术人员。

因此,孙子这句话对企业的含义之一是,企业技术的最高指导是企业领导者或经营者的责任,万不可将企业的重任全盘托付给咨询管理公司。

反观由众多咨询专家制造出来的"加拉帕戈斯化"现象,就是众多日本企业的现状,这对很多企业的经营管理者来说,不正是很好的反面教材吗?

二

一曰道,二曰天,三曰地,四曰将,五曰法
——首先以理念统一人心

"一是道,二是天,三是地,四是将,五是法。"
"一曰道,二曰天,三曰地,四曰将,五曰法。"
(第一篇《计篇》)

这是孙子认为在考虑打仗时需要关注的五个关键因素。

这句话紧接在上一节所引用的"校之以计,而索其情"之后。接着,孙子对这五个关键因素进行了简洁的说明。

第一个关键因素"道"指君主与民众的目标相同,意愿统一。"道"本身指某种应有姿态的理念。这需要君主细细斟酌,并适当地运用,使得君民上下意愿统一。

第一章 经营的本质

孙子接着写道，如若能够做到上下一心，百姓则不会惧怕危险，可以与君主同生共死。

第二个和第三个关键因素都指自然环境。所谓天，是指气候、寒暑、昼夜。地则指地形。天、地在实际作战时，都是极为重要的外部环境条件。硬要从企业经营的角度解释，天则指人口、资源等自然环境和技术条件，地则可以看作国际环境和市场环境等人类社会所处的大环境。

对一家企业来说，以上所述任何一种因素，都不是可有可无的外部条件，而是决定时代潮流走向的重要因素。企业须把这些看作应该好好加以利用的外部条件并妥善应对。

第四个关键因素——将，则指战场上指挥战斗的将领。从企业角度来看，"将"可以说是商业活动现场的负责人。孙子把将领应该具备的品质简洁地概括为智、信、仁、勇、严。关于这一点，将在第二章"将领应有的姿态"里进行详细解说。

最后一点是法。所谓法，并不仅仅指法律，可以把它当作管理组织的经营体系。孙子的原话中，法指曲制、官道、主用。曲制是指军队的组织结构，官道是指职位和权限，主用则是指管理制度、人员编制等。换言之，孙子这里所说的"法"，用企业的话来说是组织结构和运行体制，即所谓的经营体系。

换作企业通用的说法，这五个关键因素则分别为：一是理念，二和三是环境，四是事业负责人，五是经营体系。但是，考虑到企业经营，关于第二和第三点，我列举的是战略，而非环境。这是因为，无论是理念还是事业负责人，抑或是经营体系，这些都是经营者需要考虑、准备的分内之事，只有环境是企业外部的"重要考虑因素"，与其他关键因素所属性质不同，是一种特殊的存在。

以环境为出发点，为了更好地应对这些，经营者应该作出何种决定，应该向员工传递什么，只要考虑到这些问题，战略便会应运而生。所谓战略，则是如何应对外部环境，如何积极地推动工作等事业活动的基本设计图。因此，列举经营者在经营时所必须考虑的因素时，

第一章 经营的本质

与其说是环境，倒不如说是战略更为合适。

因此，我们可以这样解读孙子这句话：理念、战略、事业的负责人、经营体系是决定企业成败的内部变量，而环境则是企业成败的外部条件。这同经营者应该考虑之事，可谓完全一致。

在此，我虽然是把这些归结成四点进行解读的，但孙子却意外得更加推崇五点分析法。不仅仅是君主的工作，孙子在列举关键因素和实际情况的分类时，经常出现的就是五点分析法。比如说，前面提到的将领所需的五种重要品质。

将错综复杂的问题分为五点进行思考，可以说是孙子基本的思考模式。人类受制于各种各样能力的极限，如思维的极限、表达的极限、实际执行的极限等，所以在分析棘手的问题时，将其分为五点也许正合适。或许，这也是受中国自古以来的阴阳五行学说（认为天下万物由金、木、水、火、土五类元素组成的一种自然哲学思想）的影响。

另外，孙子分析事物时不仅列出了五点关键因素，而且五点关键因素的先后顺序也是经过明确考量的。这同样也是不可忽视的。如果仅仅列出关键因素，而不对其重要程度和先后顺序深思熟虑，则无法形成动员他人的战略和组织结构。"五点分析法"和"先后顺序"都是孙子的思考模式中重要的构成因素。

在这里，五点关键因素也是按其重要程度进行排列的。换到经营中，其先后顺序则是理念、战略、事业负责人、经营体系。当然，具体情况不同，有时顺序也会相应改变。对于经营者应该考虑之事，一般而言，我对此类排序是持赞成态度的。

比如说，无论是对打仗还是对企业而言，现场指挥人员的重要性都是不言而喻的。即便如此，其重要性还是次于理念和战略。无论现场的指挥人员多么优秀，如果理念不充分，战略出错，也难以取得巨大成果。或者说，采取深入人心的理念、运用巧妙的战略去工作，也会使人得到成长，即职场使人成长。因此，比起其他因素，指明工作意义和工作具体内容的理念和战略处于最重要的位置。

第一章 经营的本质

除此之外，在五点关键因素中孙子将之排在首位的"道"，十分引人注目。并且孙子明确地意识到，所谓"道"，即是理念所带来之物，是人心的归一，上下意愿的统一。

孙子说，道对士兵、对国防而言，无疑都是最重要的。如果君民无法同心守卫国家，无论装备多么精良，军队如何高效，最终也无法取得战争的胜利，因为在战场上浴血奋战付出性命的是每一位士兵。

企业也与上述情况相同，在业务现场辛苦工作、出谋划策的是每一位企业员工。如果员工之间，以及员工和经营者之间，无法齐心协力，每个人的行动将会变成一盘散沙。如此一来，既无法在市场竞争中取得胜利，也无法提高工作效率。所有的一切，归根到底都是团队合作。

孙子的这种思想和倡导经营理念是企业最重要之事的经营者的观点一致，如松下幸之助和稻盛和夫，他们也都是极其重视人心统一和经营理念的经营者。

或许会有读者对兵法大家孙子将"道"和"理念"

作为重中之重感到惊讶。但是对于孙子而言，兵法不仅仅解决战场上的客观问题，更是一门涉及人心较量的心理学，而这门心理学中最重要的就是人心的统一。因此，"道"的重要性也就一目了然了。

最后我们来说说孙子原话的精辟之点。

一个很好的例子是，在本节引用的道等五个关键因素的论述中，孙子敏锐地指出了"听"（听之后作为知识储存在大脑中）和"知"（深刻理解）的区别。

孙子在简要地解释了从道到法的五个关键因素后，立即说道：

"凡此五者，将莫不闻，知之者胜，不知者不胜。"

也就是说，虽然很多将领都"听闻"这五点关键因素的重要性，并且这五点已经成为他们的常备知识，但是对其内涵达到深刻理解意义上的"知"的却只有少数，真正掌握的人就能取得胜利。

这即是"听"和"知"的差别所在。

三

多算胜，少算不胜，而况于无算乎
——逻辑推论，决定未来

"庙算周密就能胜利，庙算疏漏就不能胜利，何况不做庙算呢？"

"多算胜，少算不胜，而况于无算乎！"（第一篇《计篇》）

白川静博士在《字通》里，将"算"解释为"计数"和"谋划"。原本"算"的含义就是计数和计算，但是根据其计算的结果，便会形成人类所制成的计划，也就是谋划、计策的意思。

本节引用的内容，是《计篇》结语的部分。在此，也应该以上述两种含义来解释"算"吧。

"算"的对象，即是前一节所说的，以"道"为首的国防的五个关键因素。根据这五个关键因素，将敌军与我军的情况进行充分比较，在此基础上，越注重出谋划策，作战胜利的可能性则越高。孙子想说的，恐怕正是这点吧。

这样的计算和逻辑推理的过程都属于"算"的范围，但如果其质量高，则战争能够取得胜利，相反，则无法获胜。何况事前不进行分析谋划，则更无丝毫获胜的可能性。这即是本节引用的言论的含义。

并且这里的"算"指的是"夫未战"的"庙算"。本节引用的"多算胜……"之前的原文如下：

"夫未战而庙算胜者，得算多也。"

"庙算"是指君主在供奉先祖的祠堂里预计战势和胜负的行为。古代中国在祈祷战事胜利之前，会在供奉先祖的宗庙里开展作战会议，商讨、制定作战计划。据说，这乃常有之事。这时，便会对敌军和我军情况进行彻底的分析比较，在此基础上制定出作战计划，并得出最终利害得失等有关战争胜负可能性的结果，根据其可能性的大小，提前预测战争的胜负。

第一章 经营的本质

孙子认为,在事前的分析比较中,将前一节所介绍的五个基本的考量要素进一步具体化,围绕以下的七个关键点(七计)进行比较考量,便能得出"得算多也"的结果。

"主孰有道?将孰有能?天地孰得?法令孰行?兵众孰强?士卒孰练?赏罚孰明?吾以此知胜负矣。"(第一篇《计篇》)

哪一方君主能够使民众与自己意愿一致?哪一方将帅更有才能?哪一方更具天时地利?哪一方的法令能贯彻实行?哪一方武器装备更精良?哪一方士卒训练有素?哪一方赏罚分明?这就是所谓的七计。根据这七点将敌方与我方进行比较,则可以预测战争胜负的去向。将赏罚分明作为七点关键之一,这可谓独具孙子特色。

孙子是如此重视"夫未算而庙算",从其论述中,我们应该给予重视的地方有两点。

第一,在作战之前要进行分析和谋算,也就是说事前所做的筹备。这里强调的是作战之前进行详尽分析和周密筹划的重要性,而不是等到作战时再做打算。

第二，在供奉祖先的祠堂里分析和预测战势。不只是分析和预测，更重要的是制定出不给先祖蒙羞的计划和策略。

从第一点来考虑，它的意义在于说明事前的分析和预测对打赢战争是非常必要的。换言之，其实在战争未开始之前，就已经分了胜负。这与不作战则胜负未明的冒险主义形成了强烈的对比。

孙子为何能如此断言？按我个人的推测，理由有二。

第一，"作战其实就是逻辑推理"，这可能就是孙子确信不疑的信条吧。当然，战争发生时所有的细节不可能因为有事前的逻辑推理就全部都预测到。但是孙子认为，对于战势的大致走向，须有个基本的逻辑推理，没有这一点，战事将无法取胜。

第二，"事前进行深思熟虑的人将会取胜"，这也是孙子坚信的信念。如果事前在逻辑上进行大量的思考推理，并且方向正确、效率很高，即使在战争现场出现了与自己的预想不同的情况，能够随机应对的可能性也会大大提高。毕竟，哪怕是出现了和预想相反的结果，也

第一章 经营的本质

能马上对当时的状况有大致的掌握。另外，如果对事前所做计划的逻辑推理成竹在胸，面对新的情况也会比较容易作出更好的应对。因此，即使事情与事前预测不相一致，从结果上来讲，获胜的可能性还是会大大增加。

我认为，经营与此也完全相同，经营就是逻辑推理，事前的计划与谋划的程度会直接影响经营的实际成绩。意想不到的环境变化虽然有可能造成短期的计划变动，但从长期来看还是"多算胜"。

例如，小仓昌男先生（于1967年建立雅马多运输，以此开始了自己的送货上门业务，并且改变了日本人的生活方式）用他的"经营就是逻辑推理"理论及其著作一语道破了经营上这种观点的正确性：

"对经营者而言，最重要的是富有逻辑性的思考能力，因为经营就是进行逻辑推理。

总而言之，不动脑思考而总是模仿他人，对经营者而言是最为危险的，逻辑的反面是感情用事。容易从感性的角度思考的人不适合做经营者。"（小仓昌男《小仓昌男经营学》，日经BP社）

很多经营者都强调，经营者的作用就是在做决断之前进行深思熟虑。从这个意义上来说，"多算胜"对经营者而言也是不可缺少的。本田技术研究工业（本田）的创始人之一藤泽武夫曾在63岁时毅然决然地从事业第一线隐退，在其退休致辞里，他完美地阐释了这一点：

"即使连续三天睡眠不足时，仍然不会在判断上出错，如果做不到这点，就不能称为经营者。平时无关紧要，但是在经营者作出决定时发生特殊情况，由于决策者上了年纪而作出错误决定，从而导致企业毁灭的例子却时有耳闻……所以50岁时逝世的（织田）信长直到死展现的都是英明决策者的雄姿，而高龄的（丰臣）秀吉却没做到这一点。"（山本祐辅《藤泽武夫的研究》）

接下来，我们来讨论孙子所强调的"夫未战而庙算"的第二个关键点，即在祠堂进行作战前的分析策划，这也意味着不仅仅是单纯的战前分析和预测。

那么，为什么场所偏偏是祠堂呢？

这是为了不给历史蒙羞。为了不给先祖、后代蒙羞，需要进行彻底的分析策划，所以，需要把场所定为祠堂。

第一章　经营的本质

所谓不给历史蒙羞，有两层含义。第一层是，需要紧跟历史潮流，不违背并且很好地利用历史发展的大方向。第二层则是，思考同时代其他人的行动和能动摇整个时局的力量。要拥有这样一张大的局势图，并且让自己置身于这张大的局势图里。

也就是说，为了不辱历史，庙算需要的是跟紧时代潮流和根据大的局势图进行思考。

在经营者的工作中，尤为重要的是策划企业发展的蓝图。因此，也需要不辱历史的深思熟虑。孙子的"多算胜"这句话也可以解读为，企业蓝图的背后所隐藏的大量的逻辑思考其实正是决定企业未来的关键因素。

四

知胜有五
——上下团结一心，经营者不干预现场

"预测胜利有五个方面：能准确判断仗能打或不能打的，胜；知道根据敌我双方兵力的多少采取对策者，胜；全军上下意愿一致、同心协力的，胜；以有充分准备来对抗毫无准备的，胜；将领精通军事、精于权变，君主又不加干预的，胜。"

"故知胜有五：知可以战与不可以战者胜，识众寡之用者胜，上下同欲者胜，以虞待不虞者胜，将能而君不御者胜。"（第三篇《谋攻篇》）

此处所引用的孙子有关"胜利"的论述，是《孙子兵法》第三篇《谋攻篇》结尾部分的名句，然而，紧接此句出现的是孙子论述中最为著名的一句：

"知彼知己者，百战不殆。"

第一章 经营的本质

在这句名言的映衬下,前文所引用的"故知胜有五"好像也显得有些黯然失色。

顺便一提,在《孙子兵法》第十篇中,也出现了"知己知彼"及其之后更为重要的内容,本书的第五章"战略性思考"将对其内容进行阐释说明。这里我们从经营的角度探索"知己知彼"这句短语的深刻内涵。

这句名言,是把"拥有怎样的状态才能取胜"分为五种类型进行论述。

第一种是能够判断该战不该战之人。

即使判断是该战的状态,实际作战也未必会取得胜利。更何况是处于不该作战的不利状态还硬要挑起战争,则必输无疑。

能够判断该战不该战的人,则说明他能够判断自己所处环境是有利还是不利的,知道自己的能力是否已经达到了在所处环境中取得胜利的水平。同时,也说明他已经掌握了所有所需信息。

第二种能够取胜之人是,可以在战争现场根据敌我双方兵力的强弱采取适当对策的人。

所谓识众寡，则指能够根据兵力强弱采取适当对策的能力。像这样的战场作战行动，换作企业的状况则是，如果组织的负责人能够很好地随机应变，获胜的可能性确实会有所增加。战争并非越有战斗力就越好，即使敌众我寡，如果灵活使用兵力，也能够很好地应对在数量上占有优势的敌方。

第三种能够取胜之人的类型是，能够使全军上下同心协力之人。

也就是说，能使上下一致，人心统一。在《孙子兵法》全书中，无一不在论述着人心统一的重要性。本章第二节已经介绍过成功的第一关键因素"道"，所谓"道"，也就是能够使得人心统一之物。在经营领域，人心统一的重要性，更是不言而喻。

第四种类型是，能够以充分的准备来迎候毫无准备的敌方之人。

所谓虞，就是考虑、事前深思熟虑，做足充分准备之意。这里的准备，不仅仅指做好各种物资的积累，也指提前制定好更高效地运用兵力和资源的体制及计划。

第一章 经营的本质

这种做好万全准备的军队迎候毫无准备的敌军，获胜的可能性自然会大大提高。

在这里，特地加上"迎候"一词，可谓令人钦佩。孙子认为，在做好万全准备，深思熟虑以后，还能迎候敌军之人方能取胜。

为何如此毫无准备的敌军偏偏还要挑起战争，理由自然不计其数。时而预想战况，时而挑衅敌人，总之我方则永远是万事俱备静候敌军的态势。也许用"飞蛾扑火"来形容是最恰当不过的，事前准备好应有之"火"，以该火的明亮来引诱敌人入阵。

第五种类型的人是如同孙子一般出类拔萃之人。战场上指挥战争的将领能力突出，而君主（经营者）又不一一干预（即不控制将领），这样的君主（经营者）能够取胜。

如孙子所言，在现场指挥战争的将领自然需要能力突出，精通军事，但是，如果君主总是横加干预、盲目指挥，则离胜利遥遥无期。换种说法，即强调主动放权给作战将领的重要性。也可以更深入地解读为，如果领导者总想干预事业现场，那么企业将无法取得发展。

若以经营的词汇列出五种可以取胜之人的精髓之处，则如下所示：

◎ 在所处环境中对自己准确定位

◎ 熟练运用现场的人力和物力

◎ 统一人心

◎ 做好万全准备

◎ 主动放权给实际经营现场

想必读者也会认同，如果这五种状态全都齐备，那么企业则能赢得胜利，取得发展。可以说，所谓经营的本质就是呈现出这种"应有状态"。

只是像这样梳理一遍再表达出来，确实会让人觉得"说起来的确是那么回事"，甚至也有读者会不由自主地觉得"话虽如此，但是……"。

但是，回顾现实中身边的人，便会察觉到，与这五种"知胜有五"类型的人相差甚远的大有人在。

明明不该贸然行动，却总喊着"冲啊冲啊"想要一味迎战的经营者。

第一章 经营的本质

只是进行着大量的周密谋划,而不想着去更好地动员员工的经营者。

毫不关心上下是否齐心协力,只知道单方面对员工发号施令的经营者。

不深思熟虑、不愿意做万全准备的经营者。

错误地认为"手把手地在现场进行指导是自己的工作,责任是部下应该承担的工作"的经营者。

另外,虽然觉得"说起来的确是这么回事",但是能够对此进行很好的梳理并且可以提出自己的意见,拥有这种能力的人可谓是极其稀有的。而孙子就是这样罕见的经典之例。因此,孙子的这种论述能够让人恍然大悟。

而且,能够将此项分为五点进行分析,恐怕也就只有孙子了。在本章的第二节("一曰道,二曰天,三曰地,四曰将,五曰法")中,孙子也是将事物的关键因素分为五点论述的。由此可见,在孙子的思考模式里,更倾向于五点分析法。

除此之外,在第二节的五个关键因素和本节的"知胜有五"的五种类型中,还隐藏着一种饶有兴趣的关联,即委婉地暗示着人们在思考时需要注意的事项。

第二节的关键因素是指君主应该考虑的事情。例如，应该围绕什么进行思考的五种分类。本节则是解说"知胜有五"之人的五种类型，这应该是君主需要实现的目标所在，也即君主的应有姿态。

总之，第二节笔墨重在描述君主应该围绕哪些进行思考、怎样思考，而本节则是论述思考的结果，更加具体地叙述了国家和组织的应有姿态。

明确思考的关键因素固然重要，但仅能做到"明确"也只是徘徊在思考的入口，即从思考的角度来说是不够充分的。这时，应该弄清朝着什么方向、指向什么方向，即"围绕什么思考，最终思考的维度到达何处"，也就是入口和出口都必不可少。这种思考的法则，恐怕正是孙子想要传达的。

如果没有意识到思考的结果必须有所指、到达一定维度，无论怎么苦思冥想，都无法思索出具体的行动方案，只是白费力气而已。尽管如此，这还是会让人陷入一种已经思考过的自我满足之中，往往会让人生出一种已经深思熟虑过了的错觉。

在经营学的书里，很多的分析结构是论述应该围绕什么进行思考。如分析企业的强项与弱项、外部环境的机会与威胁等的态势分析法（SWOT）就是典型的例子。这样，即使作了分析，但是企业将来应何如发展，这种具体的行动方案还是没有制定出来。所谓分析，充其量就是自我满足，而这种错觉，经济学者也应该予以重视。

五

君之所以患于军者三
——有所为，有所不为

"君主对军队的危害有三种：不知道军队不可以前进而下令前进，不知道军队不可以后退而下令后退，这叫束缚军队；不知道军队的战事、内部事务却主持军队的行政管理，将士们会无所适从；不知道军队战略战术的权益变化，却干预军队的指挥，将士会疑虑。"

"故君之所以患于军者三：不知军之不可以进而谓之进，不知军之不可以退而谓之退，是谓縻军；不知三军之事而同三军之政，则军士惑矣；不知三军之权而同三军之任，则军士疑矣。"（第三篇《谋攻篇》）

这句话作为《谋攻篇》的结尾，是在上一节所引用的"知胜有五"前面出现的，主要围绕君主的行为会给

第一章 经营的本质

军队带来怎样的危害而展开论述。

在第一章,我就经营的本质这个大的框架选取了孙子的五句论述进行了解说。相对于前面都是论述"君主该为之事",本节选取的标题,将会论述"君主不该为之事",并且这些是很多经营者在不经意间可能出错的。

所谓军患,可以把它理解成对军队的危害。这三种危害之一是束缚军队,如军队不该前进的时候命令前进,不该后退的时候命令后退等。

用经营的话来说就是,不懂实际经营现场的情况,却发出一些束缚业务活动的命令。比如经常可以看到这样的情况:在多元化领域,想要开创新业务并在不断付出努力的初创期,经营者却焦躁不安地想要更早地获得收益,强行要求实施重视短期利益的发展策略。在这种情况下,只能忽视对未来的投资积累,不得已地去收获眼前的利益。

危害之二则在于会使全体将士不知所措。所谓三军,是指军队的三种构成部分,即军队全体之意。如果对军队的实际情况不甚了解而去干预军政,那么将士只会对应该听谁的指示作战感到不知所措。

军政的关键之一就在于战场的人员构成、组织制度，如果对战场的实际情况一无所知的君主对军队加以干预，只会造成战场的混乱而已。商界也是如此，与实际商业现场情况不相符的人事、组织变动给商业活动带来混乱的情况应该也不少见吧。

危害之三在于君主所为会使将士疑虑。所谓三军的最高领导权，就是指能够采取随机应对的措施并且为此制定计划，如果君主对此没有很好地理解，就对战场的行动一一干预，只会使战场上的将士感到疑虑不已。首先会对到底是谁拥有战争的指挥权感到困惑，说不定还会质疑对战场一无所知却又事事干预的君主本身。

在经营界，由于经营者不谨慎的发言而导致现场疑虑情绪扩散的事例再常见不过了。比如说，经营者可能会觉得自己是出于好心，建议员工可以去拿下那个客户。此时，即使一线员工认为那个客人并不是自己瞄准的目标，但因为顾虑到领导的发言，还是会不得已去为之。在实际活动现场，如此的行动最终也只是徒劳一场而已，

第一章 经营的本质

并且还有可能让经营者失去威信，让人产生怀疑，这不过是个什么都不懂还事事多嘴的糟老头罢了。

束缚一线工作人员，使一线工作人员感到无所适从、疑虑。不难想象，在经营的世界，拥有最高指导权的经营者无意中对业务现场事事干预，也很容易引起同样的三种危害。军队和经营本质别无二样。所以孙子在论述完君主所造成的危害之后，在《谋攻篇》的最后又继续写下前一节引用的"知胜有五"一段的结尾部分。

也就是前一节所介绍的"君不御者胜"。

孙子似乎对君主介入军事现场保持着非常高的警戒心。在下一章"将领应有的姿态"中，也将会继续介绍孙子的名言，此处更是明确表示，有时将领需要违反军令采取行动。大概孙子作为吴国的将军为吴王效力时也曾因为君主干预战事而吃过苦头吧。

"君不御者胜"可谓语气相当强烈的话语，这句话和经营领域里经常说到的"所谓经营，就是与人合作"这句话正好形成了很好的呼应。也就是说，在动员他人时，如果采取命令的态度，则明显不合适。

这里的他人是指部下，正因为是部下，所以和经营者之间容易产生明显的上下关系，但是部下也是独立的人类个体，当然也拥有自己的想法和感情。正是这些人，为企业做着实打实的工作，而不是经营者去开发、生产、销售新的商品。经营者如果想要控制这些人的行动，恐怕并非易事。

要顾及他们的感情，想他们所想，并且要十分注意，如果自己不由分说地对部下滥用权力，他们也很容易对这种权力产生抵抗心理。因此，经营者有必要非常留意自己的言行会给经营现场带来怎样的影响，即不能束缚现场，不能使一线工作人员不知所措，不能使工作人员产生疑虑。

当然，经营者有必要给实际经营现场描绘出大的发展蓝图，但是，如果事事都要自己来掌控，那么，实际经营现场既无法采取随机应变的策略，也无法提高一线工作人员的热情。只听从上司指挥，是很难拿出真正的干劲的。能够按照自己的决定理性行事才最为重要。

但是经营者必须在经营现场付出诸多努力，为企业

第一章　经营的本质

拿出业绩承担起责任。如同君主是国家的最高领导人，经营者是企业的最高领导人，并且处于为实际业绩负责的立场。

经营者考虑到这种立场，不由自主地就想控制现场，这点作为人之常情来说其实也不难理解。但是，掌控他人是行不通的。那么，到底怎样做才算是"不加控制的经营"呢？

对此，孙子的答案就在本章第二节所引用的"道、天、地、将、法"五个关键因素中。不对现场——干预，制定经营理念并使其渗透到企业中，决定重大战略，慎重决定现场的领导人员，在此基础上制定经营体系。在这之后，则可以将经营现场交付他人，这才是所谓的经营之道。

但是，托付给他人也并非指放任不管。松下幸之助曾说过一句名言"充分授权但不能放任"，也就是说，工作可以交付他人去做，但是关键时刻则必须自己掌控方向，在这之后再去认真评价交付给他人所做事情的结果。所以，为了清楚地知道自己应该在怎样的关键时刻介入现场，以及更好地评价结果，竭尽全力地去制定经营体系则变得尤为重要。

但是，"患于军者"的言行一定要避免。为此，需要相当好的耐心。以创新闻名于世的美国化学企业3M公司曾流传着这样一句名言，它很好地表达了所需耐心的程度。

"The captain bites his tongue until bleeds."

"船长咬住舌头直至出血。"这句话，原本是在美国海军当中盛传的，而其源头，大概还是英国海军。

孙子、英美海军、3M公司。传世名言超越两千年的历史，跨过海洋，遥相呼应。

第二章
将领应有的姿态

一

将者，智、信、仁、勇、严也
——领导者应该具有比勇敢、严明更为重要的品质

> "所谓将是指将领足智多谋，赏罚有信，对部下关怀慈爱，勇敢果决，军纪严明。"
> "将者，智、信、仁、勇、严也。"
> （第一篇《计篇》）

本书第一章与经营的本质相关，即君主应该采取的行动及思考，我选取了孙子的原话进行了解析。可以说，这是经营者应有的姿态。在第二章，我将选取孙子的五句话，来论述作为现场指挥官的将领应有的姿态，也即事业负责人应有的姿态。有时，也可以理解成与业务直接相关的负责人应有的姿态。

第一章第二节曾介绍了"道、天、地、将、法"这

五个对国防（经营）而言的关键因素。在这里，孙子把"将"排在五个关键因素的第四位。接着，在同一节，孙子又简短介绍了将领必须具备的品质，即此处引用之文。

所谓智，根据白川静博士的《字通》，是指聪颖智慧，并且还有足智多谋之意（本书后文汉字的意思也都是根据《字通》解释的）。也就是说，足智多谋的将军，能够策划出高明的作战方案，也能够正确地判断将士的心理与行为。

信是指诚信。"信"字由人与言组成，不难想象，信字的意思是：对人所说的话即为誓言。因此，信的意思是指对他人、对天地诚实有信。正是因为有诚信，所以才能被人信赖。

仁是指关怀慈爱。换个说法，则是指为他人着想，充满慈爱之情。仁，在儒家思想里，被定为最高的道德标准。

勇是指勇敢强大，在战场上，形容将士骁勇善战，同时也有当机立断、果断处事之意。

严是指威严，另一方面也指严厉。如果是威严之意，

第二章 将领应有的姿态

则将领必须是具有权威的存在，如果是指严厉之意，则指将领必须严明军纪。所谓严，这两方面的意思应该都包含其中吧。

孙子云，具备这五种特点的人，才能成为优秀的将领。关于这一点，孙子也仅仅说了这一句，并未进行详细说明。

为什么是这五种品质，并且还是此种排列顺序？

如果只考虑到战场上的战争行为，勇和严被放入五种选项之一自然不难理解。同时人格魅力和士兵的信任对于统帅军队的将领而言也是极为重要的，仁和信放入选项当中也是理所当然的。

只是，为什么比起勇和严，信和仁却排在更前面，更何况智排在第一位？

把智排在第一位，其根源还是因为孙子认为"作战就是逻辑"。在第一章第三节解释"算多胜"这句话时，孙子就曾强调作战中逻辑的重要性。

另外，逻辑必须由智慧来支撑。智力低下的人，无法构筑属于自己的逻辑体系。在战场上，从某种意义上来说，将领是孤独的。最终的决策，都需要由自己来做。为了使自己更好地作出决断，最终需要的是能让自己信服的逻辑体系以及自己的智慧。

仁和信，排在勇和严前面，理由有二。第一个理由是，要想被战场上的士兵尊重，要让他们觉得"这个人靠得住"，这时，仁和信就比严和勇更为重要了。另外，考虑到辅佐君主的将领或将领团队需要担任的是所谓的"最高董事会"的职能，因此对于各位将领而言，具备仁和信也是非常重要的。

首先，我们从战场士兵跟随将领的角度，思考一下为什么信和仁比勇和严更为重要。

关于这一点，马基雅维利在《君主论》第十七章里有一段有趣的论述，章节的标题非常直接地命名为"论残酷与仁慈，被人爱戴是否比被人畏惧好些"（马基雅维利著、池田廉译《新译君主论》，中公文库）。

马基雅维利得出的结论是，"君主可以不需要被人们爱戴，但是也不能为人所怨恨，并且君主必须是具有威严的存在"。用孙子的话来说就是，比起信和仁等被人爱

第二章　将领应有的姿态

戴的德行，对君主而言更为重要的是勇和严等使人畏惧的特点。

孙子的思维，可谓与上述结论正好相反。也许孙子会这样进行反驳吧："如果使人们畏惧，他们只会服从一时，想要国家长久安定，唯有重视信和仁才能被士兵和国民接受。"

如果借用马基雅维利的表达方式则是，若要长期领导他人，仅仅依靠威严是绝对行不通的，还需要真情实感的爱。我认为这完全适用于经营的领域。

话虽如此，孙子也并不是说，只要有博爱主义就万事大吉了。把勇和严也列入五项，则是认为"威严"也很重要的证据所在。

在此，可能会出现这样的疑问：一位将领可能会在具备仁爱的同时又充满威严吗？这无疑是个难题。尽管如此，从需要领导部下的将领的角度出发，他在为人着想的同时，还必须具有威严。人性虽然不是完全属恶，但也不是单纯属善。因此，只有仁爱之心而无威严，实际上也有可能无法发挥将领该有的作用。

在此基础上，还是有必要认识到为什么仁会排在更前面。就我个人而言，比起马基雅维利，我更加推崇孙子的论述。

我们一起来说说信和仁比勇和严更加重要的第二个原因所在。

孙子以各种各样的形式论述了将领的重要性，其中一处就在《谋攻篇》（第三篇）的后半部分。

"夫将者，国之辅也。辅周则国必强，辅隙则国必弱。"（第三篇《谋攻篇》）

辅原指车轮的支柱，为了使车轮更为结实而放置于此，从广义上来说，是辅佐之意。孙子想要表达的是，将领承担辅佐君主和保卫国家的重要职责，其重要性不言而喻。

周是指缜密周详，其反义则是指疏漏失当的状态。"辅周"是指君主和将领的关系毫无嫌隙，更可以说是一种志趣相投的知己关系。孙子说，如果国家拥有这样的战将，则国强，否则，则国弱。

因此，最高领导团队必须有紧密的互相信任关系，

第二章 将领应有的姿态

考虑到这点，信和仁为何会比勇和严更加重要也就不难理解了。将领固然需要很强的战斗力，但是在此之前，也需要很高尚的人格，只有这样，才能更好地发挥最高领导团队的作用。

经营也是如此，经营者和业务现场的领导人员之间的关系良好，一线的工作人员同心协力，这对充分发挥全体成员的力量来说是必不可少的。

为此，不管是经营者还是现场工作人员，都必须具备信与仁。如果一个组织的内部都是只讲勇和严的领导，那么这个组织很难团结起来，对业务现场而言也是不幸的。

二

是故百战百胜,非善之善者
——不战而胜

"百战百胜,算不上是最高明的;不通过交战,就能使敌人屈服,才是最高明的。"

"百战百胜,非善之善者也;不战而屈人之兵,善之善者也。"(第三篇《谋攻篇》)

前一节介绍了孙子关于优秀将领的五点重要品质的论述。那么,孙子对于最杰出的将领会采取何种战术,又持有怎样的看法呢?

孙子说,不战而胜,才是最高明的取胜之法。此处引用的是第三篇《谋攻篇》开头一文。

在此,我们把这句话解读为将领的作战策略,即对于"将领应有的姿态"而言,何为最佳的"作战方法",

第二章 将领应有的姿态

"想在所有战役中都取胜的将领绝不是最高明的将领"就是孙子的回答之一。这点可能会令读者感到些许意外。

为什么百战百胜不是最高明的呢？说起来，一旦交战，不论胜负，双方都会出现伤亡。它的弊端在于，即使是战胜国也同样是劳民伤财。避开伤亡，获取胜利，即不战而胜才是最为高明的制胜之道。

如，在第一章第一节曾提到熟知"兵者，国之大事"的英国领袖丘吉尔。第二次世界大战时的英国确实在与德国的战役中取得了胜利，但是为此所付出的国力则是难以估计的，即使是在战胜之后，想要马上恢复其国力，也毫无可能。第二次世界大战结束后，伴随着英国的衰落，以美国为中心的世界体系逐渐确立起来。从这个意义上来说，胜利的代价未免太大。

也许正是由于此缘故，第二次世界大战结束前的一个月，在德国已经投降之后的那次英国大选中，丘吉尔竞选首相失败，被选民逼下了首相之座。政权也从保守党转移到劳动党手中。

不过，让丘吉尔挽回一点颜面的是他之后又重登首相宝座。本来与德国开战也不是丘吉尔所希望的，由于丘吉尔之前的首相张伯伦实施了错误的对德政策，被纳粹加以利用，挑起了战争。丘吉尔是在战争已经爆发、英国即将对德投降时，不负国人所望出任首相的。

丘吉尔能够扭转劣势，最终把英国带上胜利的道路，从这个意义上来说，他是最佳的"危机领袖"。

企业实场的领导人，也就是业务负责人，他们和丘吉尔不一样，经常面临着竞争的机会。像这种一举定胜负的战役，鲜有发生。此外，企业的上层领导人员也时刻关注着业务现场的输赢胜负。因此，商业活动的现场总是充满战争的硝烟，并且企业领导希望所有的战役都能取得胜利。对于这样的商业活动领导而言，应有的姿态不是百战百胜，而是要不战而胜，这种论述可谓含义深刻。

在企业现场，不战而胜是指采取不与竞争对手正面交锋，尽量避免竞争，寻找其他企业还没有作为的领域，发挥自己特色的这样一种战略。作为企业的竞争战略来说，这才是上上策。

第二章 将领应有的姿态

当然，自己想要避免竞争，但对方无论如何也不配合的情况不在少数。尽管如此，强调不战而胜也还是意义非凡。如同军事战役一样，不战而胜之所以是企业竞争战略的上上策，是因为直接交战所带来的损失无论对我方还是对对方都太过重大。

此处所引用的论述之前，也就是《谋攻篇》的开头部分，有这样一段话：

"夫用兵之法，全国为上，破国次之；全军为上，破军次之。"

不管是国家还是军队，用武力击败则次一等，使军队、国家降服才是上上策，即不使任何一方受到伤害才是上策。

孙子作出此种论述的伏笔，其实已经出现在《谋攻篇》的前一篇，即《作战篇》（第二篇）的开头部分。

"故不尽知用兵之害者，则不能尽知用兵之利也。"（第二篇《作战篇》）

这句话的意思是，不能详尽地了解用兵的危害的人，也无法全面地了解用兵的益处。

适用到企业领导人，即如果不知晓竞争的危害，那也无法了解竞争的益处。

当然，单纯地想要避免竞争而去形成垄断集团，违反《反垄断法》，这种行为当然是不被允许的。但是，可以积蓄实力，使对手无法抗衡，失去竞争的意愿，探索和对手建立某种合作关系，最终的手段是合并对手，使其不再成为敌人。像这样可以采取的手段，比比皆是。

尽管如此，想要不战而屈人之兵，对于将领而言，还需要与之相应的必要条件。引用前一节所述的五个条件的话，智、信必不可少，仁也非常重要。

在考虑到竞争对手的基础上制定作战策略时，智为必要条件。信对于取得竞争对手和员工的信任，以及建立合作关系是不可或缺的。或者说，想要建立一个能够不战而屈人之兵的团队，能够取得部下的信任非常重要。

仁，是对屈服之人的关爱仁慈，为了能够不战而胜，仁的重要性可见一斑。屈服之人也就是被俘虏者，如果不对他们施以仁慈，恐怕是不会心甘情愿地屈服于人的，马上又会反抗，屈服的状态无法长久。

第二章 将领应有的姿态

再次回到丘吉尔的例子,在他的著作《第二次世界大战回忆录》的结尾部分,强烈地表现出对战败国德国国民所怀有的仁慈之心。当然,对于纳粹和纳粹的将领,丘吉尔是投以恶言厉色的。但是,对于那些被迫卷入战争,国土被轰炸、被炮击的德国国民,丘吉尔则倾注了充满温情的目光。

这样一想,在前一节里解释过的"将领具备的五种品质"中,勇和严排在最后的这样一种顺序,似乎更能说得过去了。只有勇和严,是无法不战而屈人之兵的。最终还是会爆发战争,即使是一时令对手降服,这种胜利也无法长久,还是会再次回到战争的状态。

换言之,将领能够同时具备智、信、仁,又能充分理解战争为何物,才是重中之重。这才是将领的应有姿态。

因此,孙子在《作战篇》的最后部分,写下了这样一段话:

"故知兵之将,民之司命,国家安危之主也。"

司命,可以理解为掌握生死,也可以理解为掌握人类寿命和命运的司命星君（星君之一）。也就是说，熟知战争实态的将领掌控着国民的生死命运，国家安危也取决于此。

在企业现场，情况也完全相同。业务负责人，是左右员工命运的存在，也是决定企业安危存亡的所在。

像这样的商业活动的负责人，绝对不能感情用事地将事业现场带入疲惫的状态。过度的竞争，即使取得一时的胜利，也并非上策。百战百胜，绝不是高明领导的应有姿态。

三

聚三军之众，投之于险，此谓将军之事也
——胆大心细向前冲

"集结全军，把他们置于险境，这就是统帅军队要做的事情。各种地形的应变处置，攻防进退的利害得失，全军上下的心理状态，这些都是将帅不能不认真研究和仔细考察的。"

"聚三军之众，投之以险，此谓将军之事也。九地之变，屈伸之力，人情之理，不可不察也。"（第十一篇《九地篇》）

前面虽解释了能够不战而屈人之兵的将领姿态，但这也并不意味着孙子只是单纯的和平主义者或战争回避论者。孙子想要传达的是，在熟知了战争的利害之后，百战百胜并不是最为高明的手段。

但是，战争一旦开始，则必须将士兵置于险境，此

乃将领的分内之事。这也正是此处所引用的《九地篇》（第十一篇）的论述。

险，是指危险的状况。孙子询问的是，有没有做好将全军置于危险之地的心理准备。只是单纯的冒险是绝对不行的，在这句话之后，孙子继续说道，还得考虑到九地之变，屈伸之利，人情之理，须在此基础之上制定稳操胜券的作战策略。

九地是指各种各样的地形变化。孙子在《九地篇》里解释了九种地形的状况。根据地形决定作战策略，换作经营的表达方式，则是要仔细斟酌外部环境条件的多样性，制定出与所处环境相适宜的应对策略。

屈伸之利是指进攻防退的利害得失。用经营的话来说，则是指如何巧妙地运用企业所拥有的各种资源。

人情之理是指征战沙场的全军上下的心理状况。兼顾战场上的物理力学（九地之变和屈伸之利）与士兵的心理状况，是独具孙子特色的思维方式。

将全军上下置于险境的经典案例，曾出现在秦王朝灭亡以后为争夺霸权的刘邦项羽大战时期的古代中国。

第二章　将领应有的姿态

武将韩信在攻打赵国时，摆下了兵家大忌的背水阵。

背靠河水布下阵势，后退也只能落水而亡，是危险万分的境地。韩信铤而走险布下背水阵，正是孙子所说的"将全军上下置于危险境地"。我想，韩信也曾读过《孙子兵法》吧。

此外，韩信的背水阵是在充分考虑到地形变化的同时，又考虑到屈伸之利和人情之理的一项作战策略。

首先，韩信部队的全军上下，早已知道事到如今无法后退，只能决一死战。韩信此时则充分地利用了将士这样一种退无可退的心理。另外，由于对方军队不清楚韩信军队采取背水阵这样拙劣战略的用意何在，还会掉以轻心，渐渐地就会在心理上放松警惕。最终，盛气凌人的对方全军出动进攻韩信部队。在这里，韩信考虑到的是对方士兵的另一种心理，即放松警惕。

敌军迟迟无法攻克殊死搏斗的韩信军队时，最终只能折回自己的城池。但是，由于是全军出动发动的攻击，留下守卫城池的兵力薄弱，这时，韩信的其余军队早已对城池发动了攻击。在这里，韩信巧妙地权衡了屈伸之利。因此，城池轻而易举地成了囊中之物。

背水之战的结果是敌军遭到了背水一战的韩信的主力军与攻城的突击部队的双面夹击。自然而然，敌军陷入恐惧，阵脚大乱，进而全军溃败。韩信权衡屈伸之利的战术，就是将敌人的心理状况引向溃逃的边缘。

像韩信这样出色的例子一样，如果要战斗就必须做好将全军投入危险境地的心理准备，同时也要能够制定出在危险的状况下稳操胜券的作战策略。那才是将领应有的姿态，孙子想传达的正是这点。

在读到"将三军置于险境"这样的表达后，我马上想到了经营世界中的 over extension 战略。所谓 over extension，是我所造之词，指多数企业在成长阶段所采取的大幅度增长或者是大幅度跳跃的战略。这时，目标所指的已经超过了企业能力范围，可能会产生对竞争不利的因素，是一种风险较大的战略。

如果要采取如此大幅度增长的战略，就必须做好相应的心理准备。另外，可以反过来利用此战略，给实际经营现场带来危机感。此处，实施大幅度增长战略，必

第二章 将领应有的姿态

定要经历一番苦战,像这样的经验也可以使自己得到成长。我想,可以这样理解孙子的论述。

只要不拘小节,做好冒险的心理准备也并非难事。不过,孙子的论述最为重要的部分是指应该考虑到九地之变、屈伸之利、人情之理。这种战略思考对将领而言必不可少。智对这种战略思考而言必然也是重中之重,仅仅有勇则显得力单势薄。将领所需的智、信、仁、勇、严这五种品质,智位列第一正是孙子式的排列顺序。

将全军上下投入危险境地的经营战略中,最具戏剧性的成功案例之一是被称为战后日本快速发展阶段的先驱——川崎制铁(现JFE钢铁,下称川铁)在建设千叶制铁所时所实施的大规模投资。

1950年,川铁从川崎造船所(现川崎重工业)独立之时,只不过是一个连高炉(溶矿炉)都没有(也就是说无法进行铣铁生产)的中等规模的钢板制造商。从川崎造船所钢铁部门的负责人,再到川铁第一任领导人的西山弥太郎(下称西山),在公司独立不久后的1951年,马上提出要在千叶县建造占地330.6万平方米的大型全线生产制铁所计划。此时第二次世界大战仅仅结束六年。

但是,设备投资金额为163亿日元,相当于当时川铁所有资产的30倍。

此外,川铁对高炉的建造和机械作业也毫无经验。当时的川铁,想成为一个能提供超过日本全国钢铁百分之十需求的钢铁全线生产制造商。

这可谓发挥到极致的 over extension 战略。不管是当时的业界,还是金融界,否定之声哗然一片。这个案例中,西山就是将川铁的员工全都置于险境了。

只是,西山是考虑到九地之变、屈伸之利、人情之理后,再进行周密的战略计划的。

九地之变是指西山判断出日本战后振兴会使钢铁需求猛增,进而预测到对世界市场的输出也会增多。为了应对此种现状,西山才提出打造具有竞争力的、最新锐的制铁所的计划。

屈伸之利是指最大限度地确保内部资金的安全,同时减少依靠外部借贷的部分,在此基础上,更是挑战向世界银行借款。结果当然是大获成功。从制钢技术来说,

第二章 将领应有的姿态

西山本人就是日本屈指可数的技术人员；高炉技术方面，从中国撤回的优秀技术员工也斗志昂扬地参与了西山的雄图伟业。

人情之理，这就涉及川铁内部工厂的工作人员了，他们亲切地将经常在生产现场走动的西山称为老大爷，为了实现西山的构想，这样的一群人全都团结一心地拼命工作。

实际上，第二次世界大战刚刚结束后，西山的工厂发生了声势浩大的劳资纠纷事件，当时负责人所采取的毅然的态度以及充满人情味的处理措施，使很多工作人员心悦诚服。毋庸置疑，千叶的巨大投资项目也带有背水一战的心理效果。

从结果来看，千叶制铁所大获成功。它的成功，不仅仅是钢铁行业，更是日本重化工业行业快速发展的开端。比如说，在川铁计划之后的四五年间，日本的钢铁制造商开始齐头并进地建造大型制铁所，正是因为川铁的成功才导致了这一现象的出现。

在企业成长的关键时刻，往往需要将全军上下置身险境的胆大与心细。战后的日本，出现了众多铤而走险的经营者，还有一些和西山不尽相同的白手起家的创业者，本田宗一郎就是其中之一。他们也许并没有读过《孙子兵法》一书，但是古今中外，战争的真理从来都是相似的。

四

君命有所不受
——允许有正当理由的抗命

"君主的某些命令也可以不接受。"
"君命有所不受。"（第八篇《九变篇》）

从某种意义上来说，这句话令人瞠目结舌。"做好有些情况下不能接受君主的命令的准备。"孙子说，这才是将领应有的姿态。

当然，不接受君主的命令，可能有两种解释。一种解释是，不仰仗君主的施令，不向中央请示命令，根据自己的判断来决定行动。第二种解释则更为惊人，指即使君主发布了命令，但也不服从、不接受。我认为，第二种解释才是孙子想表达的真实意图所在。

这句话出自《九变篇》(第八篇),主要论述的是,要根据九种情况随机应变地采取与常规做法不同的应对措施。比如说,在高处布阵对敌,即使自己占有优势,也不能随意攻击敌人等。

在这当中,孙子强调了"有些道路不要走""有些城池不能攻占"等五种"不要",最后一点就是"君命有所不受":

"途有所不由,军有所不击,城有所不攻,地有所不争,君命有所不受。"

在君命之前论述的四种"有所不"的情形,主要是描写战争状况的变化多端。而结论是,作为灵活应变的策略之一,有时也可以不接受君主的命令。如此看来,孙子是赞成随机应变抗命的。

"如此一来会打乱组织指挥命令体系,抗命是绝对不允许的"此类约定俗成的语言孙子也并未加以赘述。孙子想传达的是,战场的状况瞬息万变,对战场的将领而言,有时候可以忽视不熟悉战场情况的君主和指挥人员的命令,更为准确的说法是,有时候应该忽视。正是因

第二章 将领应有的姿态

为孙子对放权的重要性、战场的瞬息万变有着深入的思考，才会说出这种言论。

孙子似乎笃信，战场将领的判断尤为重要，在《地形篇》（第十篇）中如此说道：

"故战道必胜，主曰无战，必战可也。"（第十篇《地形篇》）

也就是说，经过分析，有把握必胜的，即使君主主张不打，坚持打也是可以的。

在战场上，将领承担着至关重要的责任。这种责任事关士兵的身家性命与百姓的安宁生活。鉴于职责的重要性，将领需要灵活多变地应对战场的各种变化，为此，甚至要有不惜违抗君命的气概。孙子想要传达的恐怕正是这一点。

在现代日本也不乏如此出色的将领。

因为已经去世了，所以不得不用过去式来表达，他就是东日本大地震时福岛第一原子能发电站站长吉田昌郎先生。

2011年（原书为2013年，疑有误。——编者注）3

月12日，为了防止储存容器爆炸，福岛原子能发电站在黑暗中摸索着实施了如海水注入等措施，当时，总理官邸担心原子反应堆再次发生临界事故，于是开始介入，通过东京电力要求停止海水注入，这时的"君命"就是停止海水注入等措施。

但是，现场负责人吉田的判断是要将海水注入进行下去。虽然继续进行海水注入，原子能反应堆的储存容器也有可能会发生爆炸，但是，一旦停止注水，发生爆炸的可能性将会大大提高。即使如此，东京电力还是以"没有得到总理官邸的同意"而召开了视频会议。这时的吉田，小声地以不被视频录下来的声音对周围人说："接下来我会大声命令你们停止注水，但实际上，注水还要继续进行下去。"

这不仅是彻头彻尾地违抗君主的命令，也是对东京电力做的虚假报告。但是，也正如之后所说的那样，由于他的抗命，福岛核泄漏事件才最大限度地避免了最糟的状况。事后，更是有无数日本人钦佩其在长期极限状况下的领导能力，将其称作"拯救日本的恩人"。

第二章　将领应有的姿态

之所以很多人都认为吉田的"抗命"是正确的行为，可能正是因为大家都觉得，无论是从掌握的信息还是动机来看，都应该尊重现场负责人吉田的判断而不是东京电力的判断。就掌握的信息而言，即使身处现场的吉田等人，也没能在一片混沌中接近原子能反应堆，但比起东京电力，吉田所拥有的信息量则是不言而喻的。

"就动机而言，现场所做的判断视野狭隘，并且也容易最优先考虑到现场的利益"，诸如此类的批评之声也时有耳闻。但是在事故现场，吉田等人是抱着视死如归的决心，决定为日本奉献出自己的力量的。他们并不是拘泥于个人利益，而是抱着赴死的决心去防止事故所带来的悲剧进一步扩大。

换言之，吉田所做的决定，同时具备了丰富的信息与公正的动机这两个要点。其实，这也是区分"君命有所不受"的将领与只是喜欢单打独斗的将领的基本要点。有丰富的信息和公正性做担保，违抗君命这种异常事态则情有可原。

尽管如此，现场不得不接受上级命令的案例，不仅出现在福岛核电站爆炸事件里，在各种各样的组织机构中也随处可见。

结果就像前一章结尾部分介绍的孙子的论述一样，"君之所以患军者"的情况出乎意料得多。孙子在思考了君主可能具有的不足之后，提出了"君命有所不受"的观点。孙子关于将领的论述与君主对军队的危害的论述，可谓前后关联，一气呵成。

然而，抗命在组织机构中仍然是异常事态。虽然说，拥有如此气概是将领的应有姿态，但是，对于"不受君命的将领"，君主和总部的上司将会做何评价呢？

恐怕更多的是不尽如人意吧。确实，客观地来看，这样的将领所行之事皆为正确。但是，从"违抗命令"这一行为来看，古往今来的任何国家、任何组织，都会将其指责为"扰乱组织秩序"之事。

因此，对于那些能够不惧权威违抗命令，同时又不在意上级评价的将领，孙子将其称为"国之珍宝"。在《地形篇》中，有这样的关于将领的论述：

"故进不求名，退不避罪，唯人是保，而利合于主，

第二章 将领应有的姿态

国之宝也。"

这是说，战不谋求胜利的名声，退不回避失利的罪责，只以保全百姓和符合君主的利益为考虑问题的出发点，这样的将帅才是国家的珍贵财富。

如果从信息和动机的角度来解读这句话，被称为"国之珍宝"的将领，掌握着进退与否的信息，他们考虑的是百姓和君主的利益，而不是功名或罪责等一己私利，掌握丰富信息和具有公正动机的将领即是"国之珍宝"。从这一点来说，吉田昌郎先生则当之无愧。

古今中外，《孙子兵法》一书被人们广泛阅读。古往今来，读到此处，又有多少将士留下了遗憾之泪，其中大部分可能就是在悔恨"为何自己的君主不能如孙子一般为将士着想"吧。

五

将有五危
——目光短浅，招致危险

"将领有五种致命的弱点：有勇无谋，只知死拼，就可能被敌诱杀；临阵畏怯、贪生怕死就有被俘虏的可能；急躁易怒，暴跳如雷，就有被凌辱的可能；廉洁好民，过于自尊，就有易被敌人侮辱的可能；过度仁慈爱民，唯恐杀伤士众，就有被烦扰得不得安宁的可能。"

"将有五危，必死，可杀也；必生，可虏也；忿速，可侮也；廉洁，可辱也；爱民，可烦也。"（第八篇《九变篇》）

在前一章"经营的本质"的最后一节，我选择了孙子关于"君主不可为"的论述。本章虽然是讲"将领应有的姿态"，但是在最后部分，还是让我们来思考一下孙

第二章　将领应有的姿态

子关于"将领之错"（即将领不可为）的论述吧。

此处所引用的孙子的言论出现在《九变篇》（第八篇）的最后部分，该篇主要讲述"与常规做法不同的、随机应变的作战策略"。我们可以认为，孙子在本篇的最后部分提出了警告，即将领有五种致命的弱点，有时候也面临着无法灵活应对的局面，主要指拼死征战沙场，在一片混乱中费心劳神，能够体察士兵和百姓心理状况的将领所面临的"五危"。

这段论述虽相当晦涩难懂，但不愧是曹操所做之注，读来令人恍然大悟。以下我的解说也基本上是根据曹操的解释而来的。

五危的第一种是"必死"，即死拼硬打，将领一旦拼死蛮干，就有可能变成鲁莽的匹夫之勇，反而容易落入敌人的圈套，最终招致杀身之祸。明明无法预测未来，在被逼走投无路以后，却想孤注一掷实施大型投资的事业负责人，在企业中似乎也并不少见。

汉语原文是"必死，可杀也"，"可杀"的主语是敌人，即敌人可以杀我方将领的意思。以下四种弱点，"可"

的主语也都可以解释为敌人。

五危的第二种是"必生",即贪生怕死,拼命求生。如果把求生当作作战的目的,则会变得消极胆怯,即使战场上出现了进攻的良机,最后也只会眼睁睁地与之失之交臂。孙子说道,从结果来看,将领虽能活命,但也会成为敌人的俘虏。可以想象一下,在经营的现场,如果事业部长只想在业界求得生存,最终可能会正中竞争对手的下怀,采取一些消极的举措,反而帮了敌人大忙。

五危的第三种"忿速",则浅显易懂。忿速指暴躁易怒。这种性格的将领,一旦觉得自己受到了侮辱,就会做出有欠考虑的应对行为。就是说,忿速是容易被敌人乘虚而入的第三种致命弱点。在企业中因此而折兵损将的事业负责人似乎也不在少数。

五危的第四种和第五种则令人深思。"廉洁"是少私寡欲、清正廉洁之意,"爱民"则指一心牵挂士兵和百姓,这些都是众望所归的杰出将领应该具有的品格。但是,孙子说,这于将领而言,也可能是致命软肋。

据说,应对清廉之士,行之有效的办法就是侮辱其

第二章　将领应有的姿态

人格。也就是说,作战时采取侮辱其将领的作战策略,并对此类谣言加以传播,清廉的将士会无法承受刺激,甚至感到自尊心受到伤害,最终落入敌人的圈套。例如运用此战略将全军引诱到战场等。在企业经营的现场,以重视、遵守规则为豪的事业部部长,突然被指责违反法令,因而作出了过激反应,恐怕也正是如此吧。

爱民的将领,因为拯救士兵性命之心太过强烈,无论部队哪里受到攻击,都会马上对此处的防卫加以援助。如此一来,敌人如若采取给将领四处添堵的策略,则会导致将领做出各种无效的作战行动,结果也只能是使自己的军队感到疲惫不堪而已。

在企业中,有这样一种类型的事业部部长:因为非常重视工作人员,想要更好地维持雇佣现状,所以不断地实行小改革,最终导致延误了彻底改革的良机。

在五危当中,与作战目的相关的是前面的必死和必生,与性格相关的则是后面三种,分别为忿速、廉洁和爱民。

五种弱点的根源虽不尽相同,但是,被敌人乘虚而入加以利用以致招致危险，从这一点来说，五危则是完全相同的，即敌人抓住弱点乘虚而入，将领会自乱方寸导致用兵出错。孙子将其称为"用兵灾难"，还会因此发生全军覆灭的惨重后果。

为此，孙子作出警告，在现场不能死拼硬打，也不能为求生存而消极应对，暴躁易怒和过于廉洁自守则容易受人挑拨陷入陷阱，太过爱民，则容易劳心被动，连累自身。

孙子关于将领应有姿态的警告，有两点令人深思。

第一点，五危的结局无一不是因为将领目光狭隘，没有采取正确的战略战术而导致的。第二点，除去暴躁易怒，其他几种品质可以说都是符合优秀将领要求的，可这些却成为危险的根源，从这一点来说，确实充满讽刺意味。

在五种危险当中，之所以会出现用兵失误，归根结底在于将领不是在全面掌握战场实况以及士兵的整体状况后再制定合适的作战策略。拼死搏斗，则无法对未来的大方向做出正确的预测；太过贪生怕死，则无暇顾忌战场

第二章 将领应有的姿态

事物；暴躁易怒，则只会对引人发怒的源头作出反应；一旦受到侮辱，更是无法顾及其他事情；爱民的心情，有时候也会让人的思考拘泥于局部利益。如此种种，都会被敌人加以利用，乘虚而入。

也就是说，所有这些都是目光狭隘招致的。正是因为目光狭隘，那些让对手有机可乘的关键要素才会遗漏在视野之外，无法顾及。于是令人不得不思考，是否还有其他导致现场指挥人员眼光短浅的危险因素。如，利欲熏心之人有可能会被私利蒙蔽了双眼而变得鼠目寸光。

虽然说贪婪有其危害，但是孙子却注意到，即便是廉洁之人也会有目光短浅之时。至于贪婪，不管敌人是否加以利用，都是十分危险的因素，与暴躁易怒如出一辙。这些都是杰出将领不应该具有的特点。但是，除去暴躁易怒，其余四种导致目光短浅的原因，却都被认为符合"优秀将领应有的姿态"，这点实为恼人。

只是拼死蛮干或者贪生怕死，不会马上让人意识到不妥，反而认为"死拼硬打就能战胜对手"，无形中将其作为取胜的一种条件。或者说，把廉洁、爱民都当作符合优秀将领的人格品质。但是，孙子却提醒道，就是这些"高尚的品格"的背后，其实也隐藏着使人目光短浅的危险因素。

在优势的背后，总是布满了陷阱，或者说存在短板。这不仅仅限于将领，而是观察很多事物现象都可以得出的结论。认为这是自己的优势所在，想要对此加以利用，这当然无可厚非。但是，对由此带来的负面影响却不加重视也是人之常情。

正是因为觉得这是优势所在，所以无论怎样侧重其发展，都不会感到有何不妥，因此，人是在无形中自然而然地变得视野狭隘的。确实，本来就认为不好的事物，对于那些明事理的将领而言，自然不会任由其发展。与此相对，对那些原本就认为好的事物，会倍加珍惜。

但是，这就是走向目光狭隘的第一步。孙子对人性的洞察也许非常严苛，但却意味深长，令人深思。

第三章
用兵之道

一

兵贵胜，不贵久
——保持昂扬的斗志

"作战最重要、最有利的是速战速决，最不宜的是旷日持久。"

"用兵之理贵在神速。"

"兵贵胜，不贵久。"（第二篇《作战篇》）

"兵之情主速。"（第十一篇《九地篇》）

第一章我们从经营和经营者的观点出发，解读了孙子的相关论述，本章则会从现场的人员，即实际作战的士兵的心理（用兵之道）出发，来解读孙子的论述。

此处引用的两句原文，前者出现在《作战篇》（第二篇）的最后部分，后者则是《孙子兵法》一书相当靠后的部分《九地篇》（第十一篇）中的论述，因为出现得非常突然，甚至让人觉得是因为装订错误而不小心混到这一篇的。但我认为这两处其实在说同样的内容，都是在论述士兵的心理状况，因此将其引用到本书第三章的开头部分。

第一章的开头部分已经阐述过，在《孙子兵法》中，"兵"有战争、士兵、国防等多种含义。此处所引用的士兵，应该既可以解释为战争，也可以解释为士兵。

关于前者，即《作战篇》的论述（兵贵胜），很多注解书籍将其中的"兵"解释为"战争"。从我个人来看，结合该篇的其他部分，将"兵"同时指代战争和士兵更为妥当。关于后者，即《九地篇》中的论述（主速），因为前面出现了"兵之情"，所以，将此处的"兵"解释为士兵应该是说得过去的。兵之情就是指士兵的心理状况（虽然也有一些书籍将兵之情解释为"战争的实况"）。

首先，我们从后面一句开始。

孙子说，考虑到战场上士兵的心理状况，士兵们最为重视的还是速度，即想要速战速决的这样一种心理。紧接着孙子又补充道，找准敌人的要害之后，应该迅速

第三章 用兵之道

地发起进攻。

那么,又是为何需要主速呢?

原因之一在于持久战会使士卒感到心理受挫。受挫的理由恐怕也不仅仅是长期持续着痛苦的鏖战。首先,随着时间的推移,士兵似乎容易生疑。例如,在一场迟迟无法结束的战役中,士兵们会怀疑作战方针是否正确,将领对战况是否有着很好的把握等。士兵的内心一旦被这些疑虑侵蚀,则会感到受挫气馁。

另一个需要速战速决的理由在于后方补给问题。战争越拖越久,所需要的粮草和武器也只会越来越多。如果无法得到充分的补给,战争的危险就会增大。考虑到危险性,本来就以速战速决为佳的战争,时间拖得很长,士兵自然会感到不安。不仅是对战争的恐惧,还有对粮草补给的担心,也会给士卒的心理造成巨大的恐慌。

我曾多次强调,孙子对事物的看法,具有同时关注"战场的物理性质"与"士兵的心理状况"的特征。从这两方面来看,战争的速度都是非常重要的。

因此,此处所引用的前一句话,即孙子所言的兵

"不贵久"与后面一句话是有一定关联的。

那"兵贵胜"又有什么含义呢？

此处的"兵"无论是解释为"战争"还是"士兵"，把这句话解释为"希望取得胜利"都是再理所当然不过的。其实，我认为孙子的真正含义是，"战术拙劣但求速胜也好，胜利成果渺小也好，取胜是最为重要的"。总之，应当速战速决，哪怕是一次小的胜利也应该去尽力取得。

实际上，在"兵贵胜"之前，也就是《作战篇》的开头，还有这样一段话：

"故兵闻拙速，未睹巧之久也。"（第二篇《作战篇》）

就是说，在军事上只听说过指挥虽拙但求速胜，而没有见过为讲究指挥工巧而追求旷日持久的现象。在同一节还写道，为取得胜利，战争不宜拖太久，拖得太久则对军队不利，这必然导致军队疲惫，挫损锐气。

换言之，长期鏖战之所以不利，从战场的物理性质而言，是因为会使军队疲惫，从士兵的心理状况而言，是因为会使士兵锐气受挫。

第三章 用兵之道

从古至今，日本好像就常引用孙子的"战场不求指挥工巧，但求速胜"这句话。如公元8世纪桓武天皇因虾夷（日本古代对居住在奥羽地区至北海道地区的人的称呼。他们有自己的语言和风俗，始终不服从并抵抗大和朝廷。——译者注）讨伐军迟迟无法取胜而大发雷霆之时，曾飞传檄文，要求讨伐军"兵贵拙速"。

在《孙子兵法》中，并没有"兵贵拙速"一说，将"闻拙速"和"贵胜"这两句话结合起来，组合成"兵贵拙速"这句话也不足为奇。

我经常能从现代日本企业振兴专家那里听到这样一段话：哪怕是小的胜利成果也要尽快取得，这对在现场付出努力的人们来说非常重要。在与我尊敬的友人三枝匡先生的交谈中，他曾对在企业改革与现场所产生的疲惫感提出了如下看法：

"改革的步伐会因为各种原因而无法顺利进展，有时候还会带来消极的情绪，使得改革和新战略的实施受挫的风险增大。如果能够克服前面的关隘，想方设法地渡过难关，对那些付出努力的人来说，确实会感到自己的付出有了收获，又能再次提起干劲。但是在这之前，眼前横亘的却是一条'死亡之谷'。为了缓解这种疲劳感和猜疑心，则需要被称为 early success 或者是 early win 的刺激。哪怕是渺小的成果也没关系，大家会觉得'自己的努力开始出成果了''我们的战略是正确的''应该追随这个领导'。像这样能够使员工感到安心的成果，需要定期地去实现，这对所有的工作人员非常重要。"（三枝匡、伊丹敬之《创造"日本的经营"》，日本经济新闻出版社）

确实，early win 中的 win 和"兵贵胜"相一致，而 early 则与"兵之情主速"相符合。另外，三枝先生所担心的也正是现场人员的疲劳感和猜疑心等"士兵的心理状况"。

实际上我觉得，在被人们揶揄为"失去的20年"中，即从1990到2010年间，日本的多数企业都没能取得胜利，导致信心受挫，能量耗尽。在不断的失败中，就像三枝先生所说的那样，所带来的"疲惫感"和"猜疑心"使人们陷入死亡之谷的绝境之中。这种内心的低迷，更

第三章 用兵之道

使经济的复苏难上加难。

"兵贵胜,不贵久"这句话,对于经历了"失去的20年"的日本企业以及经营者而言,更应该好好加以琢磨。另外,无论成果大小,总之要行动起来,让现场的人们体会到成功的喜悦。我想,这也是孙子想要传达给我们的。

实际上,这句话中的"兵",《孙子兵法》的很多注释本都将其解释为战争。而我在这里将其解释为"士兵",或者说,认为它同时指代"士兵"和"战争",可能是因为在内心深处怀着对现代日本企业的担忧之情吧。

二

故兵之情，不得已则斗
——陷入绝境时迸发出的巨大能量

> "士兵的心理变化规律是：被包围时就垂死抵抗，形势逼迫时就会拼死战斗，陷入危险境地时就会听从指挥。"
>
> "故兵之情：围则御，不得已则斗，过则从。"（第十一篇《九地篇》）

从士兵的心理来看，发现自己陷入重重包围，为了保护自己就会拼死击退敌人，即面临生死绝境时就会顽强作战。孙子的这句话正是此意。

当然，这句话也表达出了士兵的一种胆怯心理，即"不陷入包围的话，就不会想着去击退敌人""不到万不得已，也不会去拼死作战"。

第三章 用兵之道

所有的士兵都是冒着性命之忧在战场作战,面对生死,胆怯懦弱也是人之常情。孙子想说的是,这时就需要将领制定作战策略,带领士兵征战沙场。

孙子对士兵的心理有着深刻的洞察。与此处引用的论述含义相同的语句,在《孙子兵法》一书中曾多次出现。尤其是《九地篇》(第十一篇),可以说整篇内容都是在阐述战士的心理状况。

例如,在这句话之前,有以下论述:

"兵士甚陷则不惧,无所往则固。"

就是说,士兵深陷危险的境地,就不再存在恐惧,一旦走投无路,军心就会牢固。在接下来的一节,孙子又说道:

"故善用兵者,携手若使一人,不得已也。"

这是说,善于用兵的人能使全军上下团结如同一人,这是因为客观形势逼迫全军上下不得不团结一心。

孙子想传递的最基本的信息是,制造出使士兵"不得已"的状况,是将领非常重要的工作。

这种"状况",一需要相应的外部环境,二需要有意为之。当然，所处环境可能会对思想产生一定的影响，但是，只有严峻的外部环境，而没有主动的意识，有可能还是无法使军队殊死奋战。

本书第二章第三节中提到的韩信的背水之战，就是将领创造"绝境"的典型例子。背靠河水布阵，则无后路可退，士兵自然而然地就会产生只能殊死作战的意识。

最近日本的商业案例中，日本航空公司（JAL）的重组就是企业陷入绝境，逼迫人们只能试图重建企业的佳例。

到底是因为什么，才让JAL面临这样的绝境？首先在于，众目睽睽之下宣布破产的环境在法律上宣布破产，这在任何人的眼里其所处的环境都相当严苛。第二点则在于，应政府要求无偿出任会长一职的稻盛和夫先生所实施的思想改革。JAL的重组，可谓同时具备了无路可走的环境与相应的思想改革意识。

当然，并不是说只要同时具备这两种条件就万事大吉。我想强调的是，对于企业的重组以及事业的振兴和改革，仅仅只有陷入绝境的外部环境是不够的，最重要的是具有相应的思想改革意识。有些企业尽管陷入了无

第三章 用兵之道

路可走的境地,但在思想上还是听之任之,最终也只能越陷越深。

但那些已经获得重生的企业,无论是领导阶级还是一线工作人员,思想上都发生了巨大的改变,即意识到什么叫作"不得已而为之"。就JAL的情况而言,年过八十的稻盛先生还屡次出现在工作一线,时而严苛地指出工作现场出现的问题,诚诚恳恳地向员工细细解释,认真细致地准备现场的管理会计体系,那么,现场有何不足之处也能马上凸显出来。这不正是管理人员和现场工作人员在思想上认识到有些事情是非做不可的吗?

为了进行思想改革,稻盛先生带来了一种被称为"阿米巴经营模式"的管理方法,这种管理方法在京瓷企业的应用当中,锤炼得越发完善。对现场工作人员所做贡献和所取得的成果——进行量化、透明化地比较,虽说这是一种让现场的工作人员进行思考的一种方法,但是稻盛先生却能将其彻底地实施到让现场工作人员能够感受到"已经陷入无路可退的境地"的地步。

为"透明化"和管理会计所做的努力,如果能传递给每个工作人员，并且能够形成纪律严明的组织作风，可以说意义非凡。但是，半拉子的"透明化"反而会变成装模作样，要时刻留意不能使现场的工作人员感到扫兴。公司总部在拼命地推行"透明化"，工作现场却耽于装模作样。这也是众多企业的常态。

孙子还注意到陷入绝境的这种心理，不仅只存在于我方军队的士兵。从敌军的心理出发，如果制造出一种让他们感到焦虑的状况，则能预测到敌方也已经开始拼死作战了。这样即使敌方能够取胜，造成的损失也非常惨重。

于是，孙子在《九地篇》往前数第三篇《九变篇》（即第八篇）（原书如此。中文版图书一般认为本句在第七篇《军争篇》。——编者注）中这样说道：

"围师必阙，穷寇勿迫。"

"围师"是指包围敌人的军队，"阙"是指缺口。也就是说，包围敌军时，特地留出缺口，给敌人可逃之机。即比起歼灭敌人，让敌人想要放弃抵抗使之溃逃，对我方更加有利，损失也就更少。

"穷寇"是指走投无路的敌人。孙子说道，对于这些

第三章　用兵之道

人，不能赶尽杀绝，如果对他们穷追不舍，必定会引起敌军的拼死反击。

不管是对我军还是对敌军的士兵心理都有着深刻洞察的孙子解释道：上述种种，都是为了不想让敌人觉得"必须决一死战了"的作战方法。

当我联想到差点夺取整个动态随机存储芯片（DRAM）市场的三星集团正是商界运用此战略的成功典例时，不禁倒吸了一口凉气。

三星集团决定进军半导体行业是在20世纪80年代中期。那时，日本的半导体企业，尤其是在DRAM领域，可以说具有压倒性优势。三星集团决定对如此强势的日本企业发起挑战。这就是将"三军之众，投之于险"的作战策略。

然而，三星不仅做好了冒险的心理准备，更是准备了巧妙的作战策略。日本企业历来就有从落后的领域中撤退、追赶先进技术的特点。但是，三星集团敏锐地觉察到，就全世界而言，稍微落后于时代的存储器仍然存在很大的需求量，它成功地以此作为进军存储器行业的突破口。

像这样,一旦进军成功,即使是在经济不景气时,三星集团依旧采取了积极投资的战略。因为泡沫经济的崩塌,日本企业财力下降,投资力度不足之时,转瞬之间变得低迷不振的存储器市场,在三星集团的强势投资之下,日本企业纷纷缴械投降、集体退出DRAM领域的一致性令人惊讶。日本企业被三星集团的巧妙战略所击败。

日本企业的目标所向是LSI系统。LSI是置于微处理机(microprocessor)中的芯片,作为一个系统发挥着作用。这在当时被称为朝阳领域。对此行业,日本企业蜂拥而至(只有东芝在快速存储器这一产品上站稳了脚步),相反,三星集团则没有进军此领域。也许这是有意识地给日本企业留了一条活路,可谓是"围师必阙"这一战略的实际应用。

韩国与中国的往来,相比日本历时长,程度深,所能接触到孙子思想的年数自然也比日本要久远得多。用孙子的战略来解读三星集团的策略,可以窥见之物数不胜数。

三

视卒如爱子，故可与之俱死
——冷静的头脑，炙热的内心

"对待士卒像爱子，士卒就会跟他同生共死。"
"视卒如爱子，故可与之俱死。"（第十篇《地形篇》）

将领对待士兵的正确态度，足以让士兵精神振奋。若把士兵当作自己的孩子来关心爱护，士兵们也同样会觉得为自己的将军作战万死不辞。这就是这句话的意思。

前一节介绍了孙子强调需要将士兵逼入无路可退的绝境当中，但是，孙子也并不只是施压型的军事家。孙子也明确提到引导士兵，激发其奋勇作战的重要性，即将领应该顾及士兵的情感，与士兵心意相通。这句话恰好体现出了孙子的人情味。

据说，同样也处于战国时期，但比孙子所处时代稍晚的魏国将军吴起则用行动再现了孙子的这段论述。

吴起和士兵们同吃同睡，甚至亲自用嘴为负伤的士兵吸出伤口的脓水，这无疑是像对待爱子一般关心、爱护士兵，士兵自然也对吴起感激涕零。一位士兵的母亲听说这件事后号啕大哭，有人问："将军待你如此不薄，你为何却痛哭流涕呢？"这位母亲这样答道：

"吴将军过去也曾为这孩子的父亲吸过伤口的脓水，他因此对将军感激不尽，为将军打仗，就是丢了性命也在所不辞，于是就这样战死沙场了。我想到这孩子肯定也难逃一死，不禁悲从中来。"

这个故事广为人知。正如孙子所言，时刻提醒自己以正确的方式对待士兵，投以充满温情的目光，这样的将领在中国古代为数不少。重视士兵的感情，对士兵投以对待爱子般的目光，这对将领而言，也是必备条件之一。

但是，孙子也并不是单纯地强调"有了心意相通就万事大吉"，这里更蕴藏着孙子独有的深刻含义，仔细斟

第三章 用兵之道

酌这句话前后所做的论述就能有所理解,我们来探讨一下这一点。

这里有两层含义。其一,孙子注意到,对待士兵的时候,用情的深度还是略有不同的。以下这句话是上文所引用的论述的前一句。

"视卒如婴儿,故可与之赴深谿。"

这句话是说对待士卒像对待婴儿一样细致,士卒就会跟他共患难。这也是说将军对待士兵的正确态度能够激励士兵。但是,对待爱子和婴儿态度的不同,导致了士兵所采取行动的差异,这点是饶有趣味的。

对待士兵如对待爱子,士兵会与之同生共死,对待士兵如同对待婴儿,士兵会与之共患难,孙子对此做了此种区分。虽然没有明言"如果对待士兵如婴儿,士兵最多也只会与你共患难",但是,我认为孙子是有意做这样的区分的。从士兵的角度出发,还是能够感觉到对待爱子和对待婴儿态度上的区别的。作为将领最好认识到,士兵就是能够如此敏锐地觉察到将军态度的区别。

另一层含义在于此处引用句子后面的论述。即孙子马上警告道：如果一味地厚待士卒，也会有使其恃宠而骄的危险性。而且那些会导致士兵放肆嚣张的原因，更能够让读者深思何为真正的将领。

孙子在"与之俱死"之后又这样写道：

"厚而不能使，爱而不能令，乱而不能治，譬若骄子，不可用也。"

就是说，如果士卒只能厚待而不能差遣，只可溺爱却无法指挥，士卒违法而不能惩治，那就如同被宠坏了的子女，是不可以用来同敌作战的。

像对待爱子般对待士兵，有可能会让其愿意"与之俱死"，但也有将领使士兵成为被娇惯的子女。到底又是什么，才造成了这样的差异呢？

被厚待、被爱护却恃宠而骄，当然，这样的士兵本身就有问题。但是，这些人和那些愿意同生共死，愿意共患难的士兵别无二样，都是军队的一员。之所以会出现恃宠而骄和殊死搏斗的区别，其原因在于将领是否具备"使""令""治"的能力，以及是否能够以巍峨凛然的态度来充分地发挥这种能力。这样应该就能够阐述清楚此段的前后关系。如果将领不能够很好地管束、治理士兵，士兵是不会言听计从的。无论怎样厚待士兵，爱护士兵，士兵还是会看穿将领的本质，"反正也不是什么了不起的将军"，并且认为这种将军"不会用兵，无法号令士卒"。因此，这样的将领在战争中无法发挥相应作用。

"使""令""治"是战场的指挥能力。适当地给士兵们分配一些艰巨的任务，反而能够更容易命令士兵赴汤蹈火，这需要恩威并施。只有得到士兵的信任，他们才会为将军勇猛作战。此处所说的不仅仅是勇猛作战，更是能够"与之俱死"，程度更甚，所以需要视兵如子。

换言之，即使是能够恩威并施、威风凛凛地征战沙场的将领，最终能够使士兵舍生忘死的撒手锏也是那用情至深的关心爱护。

与孙子所处时代、国家、领域完全不同的英国经济学家阿尔弗雷德·马歇尔曾说过异曲同工的名言，即"Cool heads, but Warm hearts"。

1885年，马歇尔在出任剑桥大学经济学教授之际，曾在自己的演说中这样说道："我的愿望是能够从剑桥大学向世界输送拯救社会危机的经济学家。"并且指出，作为这样的经济学家，则必须具备冷静的头脑和炙热的内心。两句话中间用"but"连接起来非常有趣，可能马歇尔认为，一般头脑冷静之人，内心也会相对比较冰冷。

战场也是一样，即便是指挥能力突出，又能高瞻远瞩、深谋远虑的将领，如果不善待士兵，依然不能够很好地调兵遣将。冷静的能力是基础，最后发挥决定作用的还是善待士兵这一态度，我想这才是孙子真正想传达的意思。

稍微变换一下说法，不管是孙子还是马歇尔，想说的无非如此：冷静的能力是必要条件，而温热的内心则是充分条件（由此才能爱兵如子）。

但是在我们周围，光有人情味能力却不够的领导似乎不在少数。这可以说是"hot heads and warm hearts"的生动写照。这类人既是讨好士兵和部下之人，同时也是难以应付的一类人。但是，比起那些"hot heads and cool hearts"的人，还是要略胜一筹，并且这种人似乎还不仅

第三章　用兵之道

仅限于经济学家，在很多领导人中也不少见。

最后这一点可能不值一提。本节所引用的孙子这段意味深远的论述，是出现在《地形篇》中的。《地形篇》本来应该是论述如何有效地利用地形去带兵打仗，却突然出现此段论述，因此经常被人们认为可能是印刷的错误。但是，从这段话所具有的深远意义来考虑，不管是不是印刷错误，我们都应该对留在《孙子兵法》一书中的这段话表达谢意。

四

令之以文，齐之以武
——文武兼施，德威并重

"要用仁信恩德使他们思想统一，用军纪军法使他们行动一致，这样的军队打起仗来必能取胜。"

"令之以文，齐之以武，是谓必取。"（第九篇《行军篇》）

这句话是说用文（德行）团结士兵，用武（罚）来统一士兵行动，这样则必定能够取胜，战胜敌人。

到前一节，我们思考了用兵之道中有关将领关注士兵的论述。本节我们来讨论将领和士兵同心协力征战之时，由士兵组成的集体——军队，该如何更好地发挥作用，对此孙子所做论述又有何深意？

如果对此处引用的论述进行进一步解释，则是以恩

第三章 用兵之道

德团结兵心,以刑罚统一行动,以此让军队更好地征战沙场。

对于士兵而言,文和武可以理解为恩德与刑罚,这也是所谓的用兵之道。对于企业这样的组织来说,需要文武兼施是非常准确的论述。另外,孙子在指出两者都很重要的基础之上,还对其重要性做了排列,这一点也非常具有孙子特点。也就是说,首先最重要的是用文来统一人心,之后再用武来统一行动。

如果顺序颠倒则必定大事不妙,这是因为人心的统一是行动统一的基础。孙子的高明之处正是在于能够对此点也加以揭示。

在这句之前,有这样一句精彩的表达,非常直观地让人感受到文和武、令与齐的"顺序的重要性":

"卒未亲附而罚之,则不服,不服则难用。"

"亲附"是士卒亲近依附将领,即心意相通之意。如果还没有达到亲近依附的程度就实行严厉惩罚,士兵必然就会不服,这样的士兵在战场上是无法很好地发挥其作用的。

如果不是带兵打仗而换作其他场合，似乎情况也别无二样。如经营者想要重振迟迟无法拿出业绩的团队，似乎有很多人会像"重整旗鼓"一样，先来点颜色给大家看看，因为俗话称"武在文前"。"这是万万不可的"，想必孙子一定会这样说。

据说，亲自为《孙子兵法》做注的魏武帝曹操曾在作战中一不留意采取了与孙子的教谕相悖的战略。如此名将也曾将顺序弄错的逸闻出现在宫城谷昌光先生所著的《三国志》（春秋文库版）的第三篇中。这到底是史实还是宫城谷先生的创作，对此我未做深究，不甚清楚，但故事内容如下。

为了结束后汉王朝的混乱无序，各国将军联手举兵起义。当时还势单力薄的曹操，也招募义军参与了这场混战。并且在实际作战中，曹操的军队更是被分配了较多的官兵。当时，后来成为名将且作为曹操的盟友大展身手的鲍信来到了起义兵作战之地。鲍信在各个将军的营地转悠之时，发现曹操的阵营气势威严，锐气十足。鲍信心想，不愧为名将阵营，于是请求与曹操会面。

第三章 用兵之道

只是，鲍信也注意到曹操的阵营"虽气势威严，但气氛压抑"，于是在见到曹操时，这样说道：

"气氛压抑的军队，虽很难战败，但取胜机会也很渺茫，在战场上容易成为毫无作为的军队。依在下愚见，曹将军是不是对刚刚募集来的士兵们太过严苛了呢？"（宫城谷昌光《三国志》第三卷，春秋文库）

听闻此言的曹操，马上想起了本节引用的孙子的言论。没想到自己"熟读兵书却不懂兵法"，曹操因而说出了这样的反省之言：

"我虽曾反复读过《孙子兵法》，却没能领悟官兵与义军的差别所在，实属不该。"

其实是说，曹操参加起义时所带之兵，已经对曹操有了亲近、依附之感了，但是，在作战中分配给曹操军队的官兵，还并没有亲近、依附曹操。正是因为对那些官兵施以武力、严格管教，才使得军队虽气势威严，但实际上气氛压抑。这一点，被鲍信一眼识破。一下就能看穿此点并且能够直言不讳的鲍信自然很了不起，听闻意见之后能立刻做出反省的曹操也很令人钦佩。二人也因此成为肝胆相照之交。

为什么以文来统一人心要比以武来统一行动要更重要呢？曹操的这段逸闻正好教导了我们这背后的用兵之道。这就是人到底是为利而动还是为义而动的道理。

义是一种共鸣。对将领的人格魅力或将领所指的目标能够产生一定的共鸣，因此服从将领的命令。为了引起这样的共鸣，则需要施之以文，即道德仁义这些人道主义。只有以这些共鸣为基础，士兵们才会充满斗志，英勇作战，而不是成为气氛压抑之众。

与此相对，以武力来统一行动，就是以刑罚这样的利害关系来统治军队。确实，士兵也会因为这点去上阵杀敌，但是，这不是自发的，也无法保持昂扬的斗志，就像死气沉沉地与敌人厮杀，其战斗力自然不值一提一样。这就是毫无生机的军队。

孙子认为，为义或为了共鸣而动的军队要比为利而动的军队强悍得多。因此，正如前一节所介绍的，将领若能"爱兵如子"，兵士也必能言听计从。

此处关于文武的"先后顺序"，让人想起《伊索寓言》中太阳与北风的故事。从结果来看,不论孙子,还是《伊索寓言》,得出的结论都是比起北风,太阳更为重要。古今中外,用兵之道、人情之理,从来都是大同小异的。

但是,孙子的高明之处则在于注意到了"如果只有太阳而没有北风,将会更加难以应对"。

在前文的"不服则难用"的后面,孙子这样写道:

"卒已亲附而罚不行,则不可用也。"

就是说士兵已经亲近依附(太阳),却不执行必要的军纪军法(没有北风),这样的军队,岂止是难以用来作战,而是根本不可用于作战。

也许有些重复,上文的"难用"是指没有亲近依附,却一味地实行军纪军法。相反,这里指已经亲近依附,却不执行军纪军法。于此,出现"难用"和"不可用"的区别,两者的不同在于,不可用的情况更加糟糕。

这是因为,将领与士兵的关系变得亲近起来,士兵则有可能恃宠而骄。如果这样仍旧不执行军纪军法,士兵就会更加自视甚高。这是最坏的结局。此种士兵无法用来在战场上作战。没有亲近起来就被严厉以待的军队与此相比，甚至可以说略胜一筹。

这样说来，文武的组合和先后顺序毕竟是一个就连曹操都会出现失误的、难以捉摸的难题。

用经营的语言来表达，可以说成梦想与幻想。首先还是要以德服人，接下来再制定规矩。但在现实中，一上来就开始说"禁止事项"，制定规矩的人非常之多。

然而，孙子想说的是，尽管顺序颠倒，也比仅靠梦想而无规矩的要强。这也可以说是经营的真理。

五

犯之以事,勿告以言

——百言不如一行

"向部下布置作战任务,但不说明其中意图。只告知利益,而不告知其危害。"

"犯之以事,勿之以告,犯之以利,勿之以害。"
(第十一篇《九地篇》)

这段话稍微晦涩难懂。根据金谷先生的译本,其意是:"为了使军队更好地上阵杀敌,只给士兵布置作战任务,而不能说明其意图。只能告知对军队有益之事而不能告知其中危害。"

也就是说,给部下下达作战任务之时,不说明理由,只告诉有利的消息,不告诉不利的消息。

孙子这种似乎有悖伦理的含蓄表达,精彩地诠释出了战场用兵之道的复杂性。

孙子这样说，并不是说让战场上的士兵都不要有自己的想法，而是要避免不该有的猜疑。这是因为孙子非常明白，战场上的士兵容易陷入负面情绪当中，为此，需要避开容易产生这些负面情绪的、疑神疑鬼的状态。

仔细询问作战理由和战争利害的士兵，最终可能是在疑虑着什么，孙子担心的是这一点。

孙子认为，士兵的如此行为，结果都只是让士兵疑神疑鬼。如果问到作战理由，则说明士兵已经在怀疑将领所说的理由了，并且担心是否还有其他原因。如果问到战争的危害，则说明士兵已经在思考是否还有其他没有公之于众的害处。士兵一旦陷入负面情绪，则一定会出现这样的情况。实际上，在严酷的战场上堵上性命作战的士兵们，也确实容易陷入负面情绪。于是，在生死攸关之时，可能无法奋战到底。

在此处引用论述的后面，孙子说道：

"陷之死地然后生。"

为了将士兵们带出危险境地，不言明作战理由和害

第三章　用兵之道

处是有必要的。孙子认为，只吩咐部下应该完成何事，告诉他们完成之后又将有哪些好处，士兵便能对将领产生信任之感，甚至愿意为了将军赴汤蹈火。于是，陷入绝境的士兵在拼命战斗之下也能杀出重围。而疑神疑鬼却只能是自寻死路而已。

只是经营界却常说，"如果不说明原因，别人是不会信服的"。也就是说不仅要布置任务，也需要很好地说明理由。孙子所言似乎与经营的常识相悖，听起来似乎相互矛盾。

但是，需要说明理由的是日常状况的管理。在面对重大状况、危急情况时，更多的是不再如实地仔细说明。例如，面临破产的危机时，如果说明了详情，那么出现辞职、不知所措的员工也不奇怪吧。在这种时候，不说清利害才是正确的应对方法。

或者说有些时候，由于理由和背景太过复杂，就算做了解释他人也无法很好地明白，因此只能布置任务。

犯之以事，勿告以言，这里的"事"和"言"，金谷先生将其解释为"任务的内容"和"做此任务的理由"。

除此之外，还有不少其他见解。

如，有些书将"事"解释为具体，"言"解释为抽象。这确实是将领或者经营者在作出指示、命令时应该注意的事情。如果所做命令抽象、模糊，那么现场的人也就不知道该如何是好，无法灵活应对。

或者说，也可以将"事"理解为将领的行动，而"言"则是口头言论。这里的理解是，只在口头上发号施令是没有效果的，必须以行动示人。这当然是合乎道理的。对于部下或是士兵，比起一百句的口头言论，行动能更为有效地动员他们。

虽然有关"事"和"言"的解释多种多样，但是孙子觉得"言"无甚作用，因而不需要特地去告知理由，因为士兵有对言论产生怀疑的这样一种心理。理由、抽象事物、口头言论，无论是哪种解释的"言"，士兵都会对其产生怀疑。不仅如此，只有"言"而无"事"，只会使军队陷入疑神疑鬼的状态。

士兵的这种心理，从他们所处的立场来看，完全可以理解。战场上的士兵赌上性命在作战，在这种情况下，只靠"言",恐怕是无法取得士兵们的信任的。

当然,企业活动现场的情况还没有严峻到同战场一般需要赌上性命。所以很多时候,"言"是必不可少的,即"说明原因"非常必要。但是,只说明原因即只有"言"时企业的人员之所以不会衷心跟随,其原因和战场的情况一样。对于将领与领导人而言,"事"(即行动和姿态)的重要性不言而喻,而"言",最多也只是将事情往好的方向引导而已。

本节孙子所说的兵情是怀疑心理,即生疑之兵。在本章的第三节,阐述的是"如若爱兵如子",士兵必将对此作出回应。另外,前一节说到的以"文"来团结士兵,是指服从仁德的士兵。

不论是生疑之兵,还是作出回应之兵,抑或是服从仁德之兵,表现的都是士兵的各种状态。士兵的心理状况会依据各种各样的情况呈现出不同的状态。因此,能够随机应变、适时地掌握士兵心理则显得尤为重要。

只是,认为不用始终如一地去把握士兵的心理,这种想法未免太过简单。如果将领觉得只要相信士兵就可以高枕无忧，那么他也必定不会根据各种情况去随机应变把握士兵的心理。

需要强调的是，无论是生疑之兵、作出回应之兵，还是服从仁德之兵，对他们而言，有意义的是将领以及将领的实际行动。本节所引用的孙子的论述，归根结底也是在阐述"事"或行动的本质的重要性。

JFE控股公司的前任总经理数土文夫先生曾对行动的重要性有过这样一句精彩的论述：

"百思不如一行。"

数土先生以"百闻不如一见"这句耳熟能详的谚语为出发点，认为"仅仅见到还不够，人类必须进行思考"，于是想到"百思不如一行"这句话。数土先生注意到，经营者只顾着思考，或者说只知道拼命将自己的想法向部下说明，这些都是不够充分的，重要的是拿出行动，将想法付诸实践。于是，"百思不如一行"这句话就出现了。

在数土先生一系列的论述中，对于个体或经营者而言，是根据"听""看""思考""行动"这样一步步加深程度来论述的。同样的论述，我想从部下的心理状况以及士兵的心理状况来解读。

所谓"一行以告兵"，就是说，与其将自己的想法向士兵解释说明一百遍，不如适当地利用士兵心理。于是，接下来的论述也就顺理成章了。

"百言不如一行。"

这就是本节所引用的孙子论述的精髓所在。

第四章
战略的精髓

一

凡战者,以正合,以奇胜
——正面攻击配合兵行险招

> "大凡作战,都是以正兵作正面交战,用奇兵去出奇制胜。"
>
> "凡战者,以正合,以奇胜。"(第五篇《势篇》)

行之此处,终于要开始阐述孙子的战略论了。

我认为,此处所引用的孙子的论述,是战略论中最为重要的观点。根据金谷先生的译本,这段话的翻译如下:

"大凡作战,需要采取常规作战策略,使我方立于不败之地,与敌人交战时,根据战场的各种变化运用奇兵取胜。"

也就是说,"战场一般都是正面交战,此时根据具体情况出奇制胜"。"正"是指常规的作战策略，"奇"是指出其不意、攻其不备的取胜之法。这样的奇正组合非常重要，如此的战略搭配富于变化，灵活多变，孙子所言就是必须对此进行深思熟虑。在这句话之后，更是出现了很多具有文学特色的比喻。

例如，关于颜色，孙子这样写道：

"色不过五，五色之变，不可胜观也。"

也就是说，一般而言，颜色也不过分为蓝、黄、红、白、黑，但这五种色调的组合变化，却永远也看不完。同理，"奇"和"正"的战略组合也多种多样，在这些组合中，出现的无穷无尽的选择就是战略的精髓部分。

孙子不仅阐述了奇正组合的重要性，还认为奇正的顺序也尤为重要。首先必须采取常规的作战策略，在此之上再出奇制胜才是取胜的关键。

为什么"首先必须采取常规的作战策略"呢？

原因有二。第一，为了使我方行动具有坚固的根基，首先必须采取常规作战策略。在此基础之上，才可以做到出其不意。常规作战策略的作用就是打牢根基。

第四章 战略的精髓

为了更好地攻其不备,首先需要以常规作战策略误导敌人对接下来战事的预测。正是因为敌人已经对战事有了这样的预测了,此时才能出其不意、攻其不备。也就是说,为了能够出其不意,首先要诱导对方,让其认为"可能会采取这样的行动"。为此,常规作战策略必不可少。

换言之,常规做法的意义在于能够使我方更为灵活地采取行动打好基础以及诱导敌人这两方面。暂且不论在特定情况下这两方面的意义哪个更为重要,总之,如若没有"正","奇"也将毫无意义可言。

这也是对那些更倾向于考虑新奇策略的"拙劣战略思考"的一种警告。一般而言,任何一种战略应用,都需要一定的基础。

接着就是,如果不以奇兵出其不意,获胜的可能性为什么就会大大降低?也就是说,为什么只采取常规做法不能取胜?

所谓"正"就是按照常规做法,此时对方也很有可能采取常规做法,并且对方可能也已经预想到我方会采取怎样的行动。因此，双方都全力以赴，紧紧抓住对方不放，这才是与优秀的敌人或者说竞争对手交战、对决时的普遍形态。如果大规模地正面交战，实际上这种战斗行为或者说竞争行为最终也只会成为一场消耗战而已。在这种情况下，取胜的机会渺茫，就算取胜了，恐怕为此付出的代价也会比对方更大。

如此一来，即使取胜，所取得的成果也不值一提。因此，若不出奇制胜，则很难取得成果硕丰的胜利。当然，兵行奇招也未必能获胜。但是，可以说，如不出其不意，也就没有真正意义上的胜利。

就企业战略而言，现在成为互联网之王的谷歌的经营战略，可以说是奇正组合取得巨大成功的典型例子。

对于谷歌而言，常规战略就是开发高速的搜索引擎，为此，它无时无刻不在对全球互联网进行数据搜索，并建立相关数据库。建立数据库所需要的软件以及超大的服务器管理，谷歌一应俱全。因此，谷歌能提供对用户而言充满魅力的搜索引擎。

在早期，谷歌也和其他搜索引擎一样，收取用户费用。但是业绩却迟迟不见提高,于是谷歌决定改变战略,向用户提供免费的搜索引擎服务,至于收入,则从企业的广告费中获得,这些企业会出现在搜索结果当中。这在当时可谓非常罕见的奇招。

对谷歌而言,常规做法原本就是开发极为优秀的搜索引擎。在此基础上采用免费提供给用户使用这一奇招,转瞬之间,用户量剧增。因此,瞄准庞大用户搜索结果的广告收入也水涨船高。这真可谓正奇结合取得的胜利。

通过这个例子我们可以明白,常规做法才是战略的基本。正因为搜索引擎具备一定的速度,所以能获得相当数量的用户群。用户群在某种意义上是用户们自发组成的,并且随着其规模的不断扩大,谷歌收集各种数据成为可能,这成为谷歌获取广告商业利润更加坚固的根基。可以说,正是因为有常规做法,奇招才能发挥作用。

谷歌运用奇正组合的方式获得了巨大的成功,在这之上应运而出的是之后新的"奇招"与新的"常规做法":开发安卓系统作为智能手机操作系统,并向手机厂商免费开放。于是,在手机广告的领域中,这种新的奇正结合的战略,也正在进一步地走向成功。

一次奇正结合所取得的成功,会成为下一阶段采取常规做法的根基,此时,再结合新的奇招,必定能带来下一次胜利。也就是说,在这种奇正结合的战略中,初期阶段奇招的结束,也孕育着新的奇与正的原动力。这就是孙子所预想的战略展开的模式。

在此处所引用论述的同一章节中,孙子还这样说道:

"奇正相生,如循环之无端,孰能穷之。"

这里说的是奇中有正,正中有奇,正从奇生,奇从正生的循环过程。孙子将奇正相生的过程比作圆形循环,圆形循环无始无端。其中更是蕴藏着无数的原动力,无穷无尽。

孙子所想的战略模式,就如同老子思想中自然而然的转换一般。特别是《势篇》,即此处引用论述出现的篇章(第五篇),全篇都色彩浓重地表现了老子的思想。因此,不仅有五色之变,还有五声之变、五味之变等,在这个人与自然交织而成的世界中我们可以观察到的各种各样的"从基本形态中孕育而出的多样性",孙子用带有

第四章 战略的精髓

文学特色的描述方式向我们娓娓道来。

接下来,孙子可能会这样说吧:

"不论运用怎样的奇招,'奇'的变化都是无穷无尽的。"

"同样的奇招不会在第二次、第三次同样奏效。"

"奇正的组合之事,首先要考虑它所带来的动力。"

"在第一次运用奇招取得胜利之后,接下来就是考虑下一次奇正结合的时候了。"

这些论述所讲的都是战略的基本点,而这些战略的基本点在企业战略中占据着非常重要的位置。

二

胜兵先胜而后求战
——事前的充分准备是取胜的秘诀

"打胜仗的军队总是在具备了必胜的条件之后才会交战，而打败仗的军队总是先交战，在战争中企图侥幸取胜。"

"胜兵先胜而后求战，败兵先战而后求胜。"（第四篇《形篇》）

孙子的这一论述可谓妙哉妙哉。

直译是：打胜仗的军队在开战前就取得胜利了，之后才会交战，而打败仗的军队总是先交战，在战争中再企图侥幸取胜。

"在开战前取得胜利"这句话有点晦涩难懂，因为看上去可能会让人觉得不可思议。实际上，这句话的真正

第四章 战略的精髓

含义是，在开战前首先要创造出一种取胜的态势和状况，之后再去交战。而打败仗的军队却不充分地去创造这种取胜的态势就直接与敌军交战，企图在战争中抓住取胜的机会。但这种机会是非常稀少的，最终也只能导致功亏一篑而已。

因此，在"实际作战之前"创造出获胜的态势与状况，在准备充分的基础之上瞄准时机开始交战，这两点就是战略的本质。

所谓瞄准时机就是根据敌军的动向判断获胜的时机。战场的局势无时无刻不在发生变化，在变化万端中瞄准取胜的时机，是事前准备的关键点。

换句话说，事前的准备就是战略的精髓。对企业来说，就是要完善技术的积累、生产体制的改进、流通渠道的构筑等让业务更加顺利进行下去的体制，在充分塑造产品魅力的基础上，针对目标客户发起攻势。如此一来，才能成为不断战胜竞争对手的市场竞争战略。

然而，如此写可能会有读者觉得：这不是再正常不过的吗？现实中根本不存在事前不做好充分准备的经营。

但是，实际上在事前准备做得不够充分的情况下就贸然行动的企业却不在少数。

在竞争来临后，因为顾客的反响不好才意识到自己的准备工作做得不够充分。这时企业也许会惊讶不已，但为时已晚。这就是典型的"先战，而后求胜"，并且这样的企业为数不少。

不管是在战场还是竞争市场上，前期准备工作做得不充分的理由恐怕都大同小异，主要理由似乎为以下两点。

第一点，前期准备相当耗费时间，需要付诸很多的努力和资源投入。在不知不觉中，很容易做出一种"差不多就行了"这样一种幼稚的判断。这样的判断所带来的结果就是前期准备得不充分。

耗费时间，投入资源巨大，这是任何人都想避免的事情。因此，可能会想在投入上偷工减料，并且，也没有一个明确的标准规定了前期准备必须做到何种程度，如技术积累、流通体制的完善等，到底要积累、完善到何种程度，也无法对这些进行客观评定，只能进行主观的综合判断。因此，也会存在降低判断标准的危险。这是

第四章 战略的精髓

因为人们会一厢情愿地希望观察结果与自己的期望一致。

第二点,在敌人采取超乎我们意料的战略时,我们无论如何也要进行反击。但是,战略超乎我们的意料,也就意味着取胜的条件并不充分。尽管如此,比起傻傻等死,最好还是做出反击,于是就会觉得自己必须采取行动,对对方发起反攻。因此,就出现了在准备并不充分的条件下依然贸然行动的情况。实际上,此时,比起贸然行动,什么也不做可能才是正确的选择。

如果说,关于在交战前要做好取胜的势态,可能会出现这样一种相反的论调:"此话虽然在理,但这个世界上,有时候确实需要堵上一把,才能决出胜负。"比如说,织田信长在桶狭间(织田信长与今川义元交战的战场,位于今爱知县丰明市荣町与名古屋市绿区一带。——译者注)奇袭义元,不正是一个典型的例子吗?

在尾张(日本旧国名之一,今爱知县西半部。——译者注)和三河(日本旧国名之一,今爱知县中、东部。——译者注)交界处的一个叫作"桶狭间"的峡谷里,今川义元的军队盘踞于此,信长运用较少兵力对敌军发动突袭，并且全歼敌军。这次胜利也促使信长从一名尾张的武将一下子走上了统一天下的道路。

但是，这种赌博似的作战方法，桶狭间之战后信长再也不曾采用。相反，之后信长的作战常态都是准备好实力远超敌人的大军，拼命地摧毁对手，制造出一种取胜的势态。或者是效仿日本最早大量使用火枪的战役——长筱之战，准备好大量新型武器，并且充分利用这些武器，在此基础上进行作战。这才是织田常胜军团的作战法则。

确实，信长只在桶狭间那样被逼无奈的情况下，采取先战而后求胜的战略。而在桶狭间之后，信长的一贯做法都是"先胜而后求战"。尽管如此，桶狭间之战也不是一次鲁莽的匹夫之勇，事实的真相是信长收集了很多有关今川军的动向，并且非常准确地瞄准了胜利的时机。

也就是说，信长在桶狭间之战时，并不是做好了所有人都能看到的获胜准备，而是选择了很难被人注意到的"易于取胜的战况"。

另外，根据下文的论述，这种行动也解释得通。孙

子在此处引用论述之前这样写道:

"见胜不过众人之所知,非善之善者也;战胜而天下曰善,非善之善者也。"

这句话是说,在任何人都觉得会获胜的情况下取胜,并不算最高明的。而以不引人注意的方法不知不觉间成为名扬天下的胜者才是最高明的。为获胜而做的前期准备,其实是非常细致并且很难被人察觉到的。如果不对这样一种总体情况的方方面面加以重视,是无法成为最高明的将领的。

无论是不引人注意的取胜方法,抑或是作战之前做好充分准备的作战方法,都属于在战场上轰轰烈烈作战,可能看起来都再正常不过了(桶狭间一战轰轰烈烈,从这点上说可能是个例外)。

换句话说,"胜于易胜者也"这种被外界目之所及的取胜策略才是高明将领的用兵之道。事实上,孙子也在刚才的论述之后继续说道:

"古之所谓善战者,胜于易胜者也。"

认为战胜容易战胜之人不是多么了不起的事情,这点可谓大错特错。将自己置身于易胜的战况，是一件非常了不得的事情，但实际战争却是一场易胜之战，所以不会有太过夸张的战况。在此，孙子继续说道：

"故善战者之胜也，无智名，无勇功。"

这句话是说高明将领是既不吹嘘其聪明过人的名声，也不宣传其勇武盖世的战功，只是潜心取胜，这才是高明将领的制胜之道。

企业也是一样，运用不引人注目的战略在竞争中战胜易于战胜的对手。既不需要媒体的宣传，也不需要令人名声大噪的美言。孙子说的是需要一种踏踏实实不断前进的企业战略姿态。

企业有轰轰烈烈的目标，即使一定程度上引人注目，但却未必能达到目标，只有事前的充分准备，才是取胜的秘诀。胜负的关键在于事前准备中那些很难为人所注意到的细微之处。

而孙子的慧眼，透过细微之处，观察到了我们难以企及的深奥之处。

三

兵之形，避实而击虚
——攻击物理与心理之弱处

> "作战的规律就是避开敌人的雄厚实力之处而攻击它的虚弱之处。"
>
> "兵之形，避实而击虚。"（第六篇《虚实篇》）

本章介绍了孙子战略的真髓，选取了"以正合，以奇胜"，第二节选取的是"先胜而后求战"。说"先胜而后求战"是"正面交战"中最为重要的，一点也不为过。

但是，孙子战略的独特之处在于一边论述"正"是重中之重，一边又用各种各样的观点来考察决定胜负的"奇"，用古往今来无数武将的实例来阐述"奇"的丰富多彩与深奥之处，令人拍手称赞，大开眼界。

在接下来的三节中，我将根据孙子的论述来解释

"奇"的要点所在,即"虚实""主导权""诡道"三点。

本节标题所引用的论述,是在阐明战略虚实的重要性与战况的变化多端。

所谓兵之形,应该可以理解为用兵之道。另外,"避实"是说避开敌人"设防严密"的地方。这里所说的"设防严密",并不只是指物理上的强大,孙子还考虑到军队气势也极为重要。

"击虚"是指攻击敌人薄弱的地方。"虚"也不只是指兵力上的不足等物理方面的薄弱,同时也指对方军队气势上的虚弱。如此种种,孙子对用兵之道进行了多方面的考察。

无论虚实,战略上需要考虑的事项多种多样,战略变化也无穷无尽。这种思维的深度与广度,也是《孙子兵法》的魅力所在。

然而,无论怎样挖掘其深度、拓宽其广度,战略本质的原点却没有任何偏移,这也是孙子的高明之处。在虚实的情况下,战略的原点就是"采取使敌人感到迷惑、攻其不备的战略"。攻击敌人的虚弱部位,让敌人乱了阵

第四章　战略的精髓

脚，从而使我方处于优势地位，这种思维方式正是虚实战略论的重中之重。

孙子列举了不同的关于虚实类型的例子。例如，关于集中兵力这一点，孙子这样说道：

"攻而必取者，攻其所不守也；守而必固者，守其所不攻也。"（第六篇《虚实篇》）

这句话是说，攻击敌人疏于防守的地方，就一定会获胜，守住了敌人没有进攻的虚弱之处，我方防守就一定会稳固。这就是避开兵力集中之地的一种避实战略。在不断地采取这种战略的过程中，敌军必定会自乱阵脚。也就是说，这时的敌军已经无法正确判断何为自己军队的实与虚了，于是就会变成"敌不知其所守……敌不知其所攻"这样一种情况。此时因为我方战略而手忙脚乱的敌军，即使拥有潜在的战斗力，恐怕也无法很好地发挥出来，最终兵败而亡。

另外，还有如下论述描写要避开敌人斗志满满以及兵力强胜的地方：

"上兵伐谋……其下攻城。"（第三篇《谋攻篇》）

城池，是一个国家拼命防守、保护的地方。攻击敌人城池的军队绝对不是高明的军队，即攻城实际是下下策。

换言之，与敌人的预想背道而驰，攻击敌人意想不到的虚弱之处才是上上策。这时，敌人事先的谋略可能会成为自掘坟墓的一种行为。与此相比，攻击敌人防守坚固的城池这样一种不避实的战略可谓下下策。

此外，孙子还劝说道，应该采取避开敌人"气锐"之实处，攻击其"气虚"之弱处。

"善用兵者，避其锐气，击其惰归，此治气者也。"（第七篇《军争篇》）

虚实论阐述的是，敌之气锐则避之，士气衰竭则攻之，以此来"治气"就是高明战略的本质。在这里，一方面孙子从心理学的角度考察了战场的士兵；另一方面，在这之前的两句论述中，孙子就物理上的虚弱之处，论述了着眼于战场物理力学（及其背后隐藏的战略意图）的虚实论。兼顾了人际关系心理学和物理力学，可以说非常具有孙子特色。

第四章　战略的精髓

举一个商界的典型例子,风靡全球的苹果公司的苹果手机(iPhone),就是击中了其他手机制造商的软肋,并且牢牢抓住了对苹果手机而言最为重要的顾客群体,因而大获成功。

在 iPhone 刚刚上市时,智能手机市场已经存在黑莓电话数码终端设备,但是 iPhone 以其出色的操作性能、通信速度以及外观设计完美地击败了那些只生产黑莓机型的手机制造商。所以,在相当长一段时间里都没能出现与之匹敌的竞争商品。

接下来,就是击中顾客的痛点。或许连顾客自己都没想到,用手机上网竟如此方便,并且手机上网看起来还非常时尚。苹果公司确实为此采取了一定的常规做法,如开发相应的软件,设计独一无二的外观,以此来做好赢得市场的前期准备。不管怎么说这些都是后话。从顾客的角度来看,苹果公司准确地抓住了顾客群体的"软肋"。

确实,对苹果公司而言,顾客并非敌人,而是带来销量的伙伴。因此,这必定与在战场上击中敌人虚弱之处有所不同。对身为伙伴的顾客都需"击中软肋",大家肯定会对此感到惊讶不已,随着这种惊讶之情在市场上广泛传播,iPhone 的用户群也开始不断增加。

同样被"击中软肋"的,还有通信公司。iPhone 早就不仅仅是"手机"了,而是一种新的互联网终端装备,这是一种利用手机通信网的终端装备,只是恰好这种终端装备具备了"喂?你好你好"的通话功能罢了。

尽管如此,在智能手机领域数据通信量也在不断增大。在这种情况下,完善新的通信基础设施成为通信公司的重中之重。如果还不对此加以完善,通信障碍还是会频频发生。

可能 iPhone 的主要研发人乔布斯原本并没有"避实"的打算。单单重复他人已经做过的事情,在他的 DNA 中是不存在的。乔布斯不是有意识地"避实",而是很自然地、不断地击中"虚弱之处"。

虚实的模式虽多种多样,但制定战略归根到底是人类所做的工作。所谓虚实,需要同时考虑到物理力学、经济力学、人际关系心理学。虚实搭配"奇招",这样的

第四章 战略的精髓

战略才会取得成功。

这样的虚实模式是相互交融的,就如同水沿着地面畅通无阻地流动一般,战略规划也并非一成不变,而要根据敌军实际情况,不断发生变化的。在本节标题所选论述之前,孙子这样说道:

"夫兵形象水,水之形,避高而趋下。"

虚实战略也是同理。然而,"采取令敌人惊讶的战略"是其不可动摇的出发点,这一点也正是虚实战略的本质所在。

四

致人而不致于人
——掌握主导权是战略的关键

"善战者,调动敌人而决不被敌人所调动。"
"善战者,致人而不致于人。"(第六篇《虚实篇》)

"致人而不致于人"这句话有些晦涩难懂,"致"可以理解为"摆布、调动"。所谓"致人"就是"摆布、诱导他人",因此"致于人"就是不被他人所动。

虽说"摆布他人",但想要完全使别人任我摆布,除非是催眠术,否则恐怕不太可能。但是,不让自己任对方摆布,将战场上的动向引导到对自己有利的一面,能做到这种程度便可了。

这就是掌握战场的主导权,掌握主导权也是说根据我方所写剧本去引导、支配敌人;另外也是说左右敌人,

第四章 战略的精髓

让敌人无法称心如意。

本节标题所选的论述是《虚实篇》开头的内容,统领全篇。在此,孙子可能想说的是掌握主导权是虚实战略中最重要的因素。之所以要考虑虚实战略的展开模式,最大的理由就在于通过掌握主导权,使自己在战争中处于有利的位置。

即使是商业战略,被对手占据主导权与自己掌握主导权,结果也是完全不同的。

例如,丰田汽车在汽车行业推出的环保汽车战略。从1997年丰田汽车发售第一代普锐斯以来,在混合动力车领域,便一直走在世界前沿。截止到2014年,从小型的丰田普锐斯C到大型的雷克萨斯LS460L,丰田混合动力可谓阵营非凡。在全球范围内,企业以向德系宝马提供技术支持为首选,想向丰田阵营提供技术支持的企业也为数众多。也就是说,在电动汽车存在感还不是很强的时代,在全球环保汽车战略方面,丰田一直掌握着主导权。

被丰田的这种战略压迫、穷追不舍的不正是日产汽车吗?日产当时未曾推出过混合动力汽车。2010年,环保车领域起步较晚的日产在日美市场上发售了聆风(Leaf),将赌注压在了电动汽车上。正是因为被丰田掌握主导权,日产才不得已在前途尚不明朗的电动汽车上压下赌注。从某种意义上说,这就如同日产被丰田夹击,于是才转战电动汽车领域的。

日产电动汽车的研发负责人在接受杂志采访时曾说这是一个"很让人担心"的战略,结果也非常令人遗憾。从发售到2013年的三年时间里,全球累计销售总量100万辆,与当初设定的目标相差甚远。

到底何为掌握主导权的战略?从这个观点出发,来概括一下《孙子兵法》一书中的几个要点,可以得出孙子所考虑的此种战略,具有两种类型。

第一种是机会来临时立马掌握住主导权,即事前做好准备的这种战略。与第二节解释过的"做好取胜的态势"非常相似。比如说,孙子在论述如何应对各种变化的第八篇《九变篇》这样说道:

"无恃其不来,恃吾有以待也。"(第八篇《九变篇》)

第四章　战略的精髓

这句话是说不抱敌人不会来的侥幸心理，而要依靠我方有充分准备，严阵以待。运用这种战术，只要做好充分准备，在敌人来袭时便能从容不迫地马上掌握主导权。

第二种是通过不断地钻对手的空子，敏捷、彻底地变换战术来玩弄敌人，使敌军感到疲惫，于是，敌人的虚弱之处便会频频漏出。这时，击中敌人软肋，既能把握住主导权，也能一举获胜。

在战场上，武田信玄让战士举着的旗帜上写有"风林火山"这样一句名言。实际上，这句话出自《孙子兵法》第七篇《军争篇》中的一句论述，这四个字描写的是战略的基本所在，即变幻自如地钻敌人的空子。

"其疾如风，其徐如林，侵掠如火，不动如山。"（第七篇《军争篇》）

这句话是说，部队行动时，要如狂风飞旋；隐蔽行军时，要如森林静谧；发动攻击时，要如烈火迅速；驻守防御时，要如大山岿然。这句话也道出了彻底进行动静变换的重要性。

在军事战略中，需要面对的只有战场上的敌人这一种人。而在企业战略中，应该注意到需要面对的有两种人，分别是竞争对手和比竞争对手更为重要的顾客。面对竞争对手不能受制于人，这点不难理解，即掌握主导权。

那么面对顾客时，"致人而不致于人"又该如何解释呢？

首先，对待顾客也要掌握主导权是指积极地向顾客传达信息，抓住顾客潜在的需求并进行产品宣传。

正如上一节所介绍的苹果案例，乔布斯就是一个很好地向顾客传递信息，挖掘顾客潜在需求的典型例子。乔布斯曾这样说过："其实顾客对于自己想要什么，以及这种具有创造性的商品是否真的能被生产制造出来并不是十分清楚。"所以，比起市场调查，乔布斯更加注重的是积极地向顾客传达信息。

也就是说，面对顾客时能够"致人"的企业，实际上是对待顾客更加坚持自我的企业。"致于顾客"的企业是指那些如同推销员一般完全听任顾客的企业。从孙子

第四章　战略的精髓

的战略来看，能够坚持自我把握主导权的企业才会取得巨大的成功。当然，大前提是企业所坚持的一定是顾客真正的需求。

像这样，面对竞争对手时掌握竞争的主导权，面对顾客时能够坚持自我、适当引导顾客的企业，最终一定会大获成功。战略的精髓之一就是在这两方面都能做到"致人而不致于人"。

这其中的一个最佳案例就是本田宗一郎实施的战略，本田宗一郎和乔布斯一样，对做市场调查和有关新产品的问卷调查等感到厌烦。第二次世界大战后本田宗一郎之所以能在摩托车市场站稳脚跟，正是因为他能够连续不断地快速开发出新产品。

其速度之快，让本田在长达数年的时间里，以多于竞争对手成倍以上的数量不断地推出新产品，时刻领先于竞争对手开发出新产品，这就是掌握主导权。

并且，本田在面对顾客时，一直坚持自我，这其中的一大巅峰就是1958年发售的轻便小型两轮摩托车超级幼兽（Super Cub）。

"任何人应该都想试试非常小型的摩托车吧。"本田宗一郎用高超的技术实现了合伙经营人藤泽武夫的这一设想。当时所有人都对这种小型摩托车的高性能与低价格感到惊讶不已,于是在发售当年就获得了销量九万辆的巨大成功。这是一个占了当时全日本摩托车市场两成的庞大数字,很大程度地挖掘出了顾客的潜在需求。在发售半个世纪以后的2008年,这款摩托车在全球的累计生产量已经破了6000万辆的纪录,并且今后还将继续畅销。

所谓战略,就必须掌握主导权。"致人而不致于人"这短短的一句话,实际蕴含的道理深奥无比。

五

兵者,诡道也
——出其不意,攻其不备

"用兵作战,其实就是诡诈之法。"
"兵者,诡道也。"(第一篇《计篇》)

这是《计篇》中非常有名的一句论述。本书第一章第二节里论述关键因素的"一曰道,二曰天,三曰地,四曰将,五曰法"这句话是在同一篇中的开头部分中出现的,只是本节所选论述则出现在《计篇》稍微靠后的部分里。

根据白川静博士《字通》,"诡"这个汉字的含义为"诈""欺",这句话的意思是"用兵作战其实就是欺骗敌人或者说运用诈谋奇计迷惑敌人"。孙子在这之后继续举了"能而示之不能""远而示之近""卑而骄之""攻其不备，出其不意"等13个例子。

这句话是说有能力而装作没能力，想攻打远处却攻打近处，以谦卑、谨小慎微的姿态诱使敌人骄傲自大，攻击对手没有防备的地方，在对方没有料到的时机发起进攻。所有这些都是欺诈敌人、运用诈谋奇计的行动。

在本章，我选取了我认为是孙子战略真髓的"正奇""虚实""致人而不致于人"进行了讲解。所有这些都可以认为是"诡道"。

"正"为战略基础，在此加上"奇"才能取胜。攻打敌人时击虚而避实，采取不被敌人支配，反而能左右敌人动向的战略。

在看穿敌人动向以后，需要采取出其不意、攻其不备，或将计就计的战略，而"奇""虚""致人"这些词汇正是在说明这种战略的重要性。从这个意义上来说，这就是"诡道"的生动写照。在本章所选取的论述中，第二节的"先胜而后求战"这句话似乎与"诡道"相距甚远。

第四章 战略的精髓

只是古往今来,"兵者,诡道也"这句话引发了很多讨论,因为将"欺骗人"作为将领战略的基本,对于这种说法,多多少少会令人感到一些不协调感和警戒感。有人甚至说道,孙子的战略违背了人类的仁义道德。

确实,"兵者,诡道也"这句话给人一种"偏离仁义道德"之感与危机感,所以这句话最好不要仅仅解读为上文所阐述的含义。孙子想要传达的是,没有奇招与击虚以及致人的战略是无法充分发挥其作用的。"常规做法的正面交战就是战略的基本"这种认识,实际上在孙子说"战者,以正合"时,就已经是不可动摇的了。在此之上,奇的重要性也不言而喻。

此外,孙子在第一篇《计篇》的开头阐述过"一曰道",即"道"是战争和政治的基础。关于这点,本书第一章第二节已经加以解读。那么,为何孙子在这之后又要说到"兵者,诡道也"呢?

无论战略的基本是"正"还是"道",只有这两种要素,战争是不可能取胜的。此时,只有再加入看起来相互矛盾的"诡","正"和"道"才会发挥出相应的作用,孙子想传达的恐怕正是这点。

或者说，所谓"诡道"，应该解读为在道中加入"诡"这一要素。

也许这可以理解为辩证法中的扬弃，也可以表达成用小恶包容大善。战争不是光说漂亮话就能解决的，但是，若不给自己定一个底线，也是无法长期坚持下去的。这才是孙子所表达的意思。

《孙子兵法》全书共十三篇，最后一篇《用间篇》是阐述间谍情报的篇章，这是欺骗敌人的典型例子。关于什么样的人才可以真正地使用间谍(间)，孙子留下了以下这句耐人寻味的话语：

"非圣智不能用间，非仁义不能使间，非微妙不能得间之实。"（第十三篇《用间篇》）

这句话是说："不是睿智超群的人不能使用间谍，不是仁慈正义的人不能驱使间谍，不是谋虑精细的人不能得到真实的情报。"间谍这种工作性质隐秘并且会背叛他人的人，如果不是天资聪颖、仁慈正义、谋略精细的圣者，恐怕无法胜任。欺骗、背叛，是表面且短暂的事物。

第四章 战略的精髓

但是从长期来看,在间谍的内心深处,人类的至真至诚也必不可少。

这与"兵者,诡道也"其实是一脉相通的,在战略中"道"是重中之重,在政治以及经营中,"道"也必须作为本源。然而,诡道同样必不可少。

那又是为何在战争中如不以"正"为根本、"道"为本源,就无法永远屹立不败呢?

这是因为,此时的敌人并不意味着就是永远的敌人。随着情况的改变,敌人有可能变成朋友,朋友也有可能变成敌人。然而今后将会如何变化,当时无法预测。因此,在与那些有可能会和我方步调一致的人打交道时,必须构建良好的信用基础。为此,"正"和"道"必须是本源。

然而考虑到顾客是商业战略的最终极目标,在商业世界就必须更加慎重地去考虑"兵者,诡道也"这句话。

其实已经多次说到过,战争终究不过是以打倒敌人为目的的手段。但是,在企业竞争中,打倒敌人却并非目的所在,此时的目的在于获得顾客以及在顾客的满意度上完败竞争对手。就算打败了竞争对手,但是顾客却对我方不予理睬,这样的战略是没有任何意义的。

有时,有些企业也将欺骗顾客和钻顾客的空子等作为战略根本。从长期来看,这种在面对顾客时使用虚伪狡诈的手段是无法取得成功的。但是作为战略而言,在面对竞争对手时运用谋略以及将计就计的诡道,确是可行之道。这就是钻竞争对手的空子,在顾客的满意度上取得更大胜利的"诡道"。

换言之,如果用语感与"欺骗"相接近的语言来描述,"使顾客感到惊讶"这种意义上的"诡道",作为战略手段可能也同样存在。

20世纪80年代,索尼开发CD的项目负责人鹤岛克明曾说过这样一句有关创新本质的名言:

"创新即感动。"

也就是说,顾客在使用了新的产品以后,"大为惊讶,并为之感动",由此在市场上产生了很大的反响。只有这样,才算真正实现了创新。

这种惊讶对顾客而言,是一种"真没想到"的感受,

第四章 战略的精髓

在某种意义上,对想要达到此目的的企业而言,这就是"诡道"。首先,诡道是说,想顾客之没想,并将此付诸实际的一种战略。第二,在创意面世之前购买了产品的顾客可能会认为,"如果我再等一等就好了,既然要出新产品,应该早点告知我们才对啊,怎么感觉自己有点被骗了呢"。

不过,只要提供的产品足够出色,这种适度的"诡道"是完全能够得到顾客的认可的。进一步说,新推出的产品会让上一代产品购买者觉得"完了",这种"诡道"绝对是商家应该瞄准的目标。

自古以来,《孙子兵法》的解读版本不计其数,"诡道"这一论述也正是含义深刻的典例之一。

第五章
战略性思考

一

知己知彼，胜乃不殆
——知己知彼是战略的出发点

"了解敌人，了解自己，胜利才不会有危险；懂得天时，懂得地利，胜利就可以保全。"

"知己知彼，胜乃不殆；知天知地，胜乃不穷。"

（第十篇《地形篇》）

在第四章中介绍了孙子的五句关于战略的精髓的论述。本章将会从战略的思维方式、如何思考战略即战略性思考来介绍五句孙子的论述。

孙子的第一句论述是说，了解敌人，了解自己，并且懂得天时、地利，这是战略性思维的重点。

正如在第一章第四节中介绍的那样，以下这句话读者恐怕早已见过。

"知己知彼，百战不殆。"（第三篇《谋攻篇》）

这是《谋攻篇》（第三篇）中非常著名的一句话，但是这句阐述关于"敌我状态"的名言，说的仅仅是敌军的状况和我军的实态。实际上，孙子还注意到"天地"的重要性，因此才留下来本节开头所引用的论述。对于战略性思考的重点，或许此处所引用的论述更加贴切。

孙子思维的特征之一在于对细微之处以及容易忽视之处有着理性的思考。在此，不仅要考虑敌我，还需要考虑我方与敌方各自所处的天（气候、天气、时间）与地（地形）等自然条件，才能确保胜利。

也就是说，若能做到知己知彼，失败的危险性便能减小，在此基础上，如果对自然条件也了如指掌，便能取胜。这里是按危险性以及获胜方法的不同进行分类的，反过来说，仅仅知己知彼是不够的，对于"天地"等自然条件也必须加以重视。

在企业战略中，如果把竞争对手比作敌人，那么"天"则应该比作顾客。有位著名的歌手曾说过这样一句名言，"顾客就是上帝"，也就是把顾客当作"天"一般的存在。而"地"就是政府以及地区环境等所构成竞争

第五章　战略性思考

的基础条件吧。

如果不能做到对顾客的情况了然于胸，自然也无从谈起企业战略。这虽然是理所当然的事情，但是很多企业不知不觉中只考虑敌人（竞争对手）却疏忽了顾客。典型的例子就是有些企业陷入与竞争对手进行技术竞争的深渊，而不考虑顾客真正的需求，只是一味地开发新功能。仅仅知道"知己知彼，百战不殆"，这对企业战略而言是不充分的。

像这样"按照步骤思考"以及"在之前的基础上继续思考"都是孙子战略性思维的关键之一。实际上，《谋攻篇》中"百战不殆"这句名言之后，紧接着有一句"按照步骤进行思考"的论述：

"不知彼而知己，一胜一负；不知彼不知己，每战必殆。"（第三篇《谋攻篇》）

也就是说，不知道敌人的实际情况，而了解自己，是胜是负仍不确定，胜负的可能都有。更不用说对敌人和自身情况都不甚了解了，那打败仗的可能性就非常大。

但是，了解敌人和了解自身，哪个难度更大呢？我不禁这样想道。

出乎意料的是，了解自身可能更难。那么，如果知彼而不知己又会怎样呢？似乎这种情况也有必要进行斟酌。恐怕，此时战败的可能性要比知己而不知彼更大吧。

我之所以认为知己要比知彼更难，理由有二。

第一，深信对自己已经有了足够的了解这是人之常情。因此，可能此时就会对了解自身有所疏忽。同时，自己所了解的自身也不过是日常的、人前的等一些容易被观察到的部分，而对身处特殊情况下的自己却不甚了解。然而，战场上最重要的就是在严峻的情况下仍然能够充分发挥自己的实力。

知己比知彼更难的理由之二在于对自己的能力有着过高的评价也是人之常情。这或许是对自己的一种肯定，又或许是一种幻想。

想象在非日常情况下的自己，这种带有主观意向的推测更有夸大的倾向。用企业的例子来说，对于我们早已熟悉的已有业务，关于敌我能力的定位一般而言都能准确地进行，然而，一到新兴业务等新领域或者不常见的领域，对于那些无法承受的不确定性，甚至经常会出现"总能应对的"这种极其主观的推测。

第五章 战略性思考

再来说说什么叫作"无法突破的既有业务与停滞不前的新业务",这大体是众多多样化经营以失败告终的原因所在。很多企业在实施多样化经营时,对新业务的投资总表现出令人惊讶的大胆。收购海外企业也正是如此,甚至连那些从客观来看肯定会失败的业务,企业家们投资起来也毫不犹豫。

人类精神层面所出现的弊病,则很好地说明了知己以及在敌我关系中正确定位自身是非常不易的。

我曾看过一幅题为"纽约人眼中的美国地图"的宣传画。地图中心当然是曼哈顿岛,在曼哈顿中详细地描绘了很多主要道路。接下来,越过哈德逊河到达新泽西州,地图突然就变得简略起来。而且在这之后简略程度有增无减,马上就粗略地画到更加靠西的宾夕法尼亚州,之后更是越过两个州立即到达芝加哥,接着,芝加哥的对面是加利福尼亚州。

这就是以自我为中心在歪曲美国的地图,也可以说是对自己的定位不准确。实际上,芝加哥处于美国大陆的中心地带,芝加哥与宾夕法尼亚州也相距甚远,距离足有几千英里(1英里约为1609.344米)。然而,为了能将自己作为地图的中心，纽约人甚至能将距离如此遥远的两个地方画得仿佛近在咫尺。

其实，像纽约人这样的行为绝对不是个体现象，很多企业也是如此。因此，知己以及在地图上给自己正确地定位，实际上非常困难。

深刻地认识到这一点，我不禁想到所谓知己其实就是战略性思考的基本所在。不光是了解工厂设备、军队武器、从业人员、士兵数量等这些能够看到的资源，同时也要充分认识到自身的技术、士兵和从业人员的技能、组织的氛围和士气等"难以注意到的资产"，从这点来看，这是相当不易的一件事情。

然而，在充分了解自身以后，还必须从中选择出能够进行战斗的"资产"。或者说，在了解自身以后需要努力思考对付敌人的策略。

所谓制定战略，首先要知己，在此基础上知彼，接下来做到知天知地，这是一项需要思考得细致入微的工作。仅仅只靠毅力的战略，是不存在的。如若只能做到此种程度，则必将是"每战必殆"。

二

智者之虑，必杂于利害
——先思害，后顾利

> "智慧明达的将帅考虑问题，必然会将利与害一起权衡。"
>
> "智者之虑，必杂于利害。"（第八篇《九变篇》）

孙子这句话是说考虑问题时，同时权衡利害并在此基础之上作出综合判断的重要性。

一次作战必然有利有害，因此必须兼顾利害。同时，在思考利处时要联想到害处，思考害处时想到利处。所谓智者的战略性思考就是同时权衡、思考利害。

孙子的战略性思维经常将两项看似对立的要素进行权衡思考，并对此进行综合判断。本节中兼顾利害的战略性思考正是一个佳例，而下节讲的迂直之计（看似遥远与看似相近）也是例子之一。所以本节与下节所讲的战略性思考，如同时思考两项对立事物，在充分把握对立关系以后再进行综合判断这点上，实际是相辅相成、遥相呼应的关系。

为什么兼顾利害就是一种高明的战略性思考呢？

在此处所引用的孙子论述的后面，马上出现了这个问题的答案：

"杂于利而务可信也，杂于害而患可解也。"

"务信"是工作顺利之意，也就是在考虑不利条件的同时考虑有利条件，事情就能顺利进行。"信"在这里的意思是"向好的方向发展"。另外，在看到有利因素时也考虑到不利因素，祸患就可以排除。

那又是为什么考虑到不利因素工作就能顺利进展、取得成功呢？

此处原因有二。第一，若能注意到潜伏在事物背后的不利因素，失败的概率就能相应减少，作战成功的概率或获胜的可能性就会增加。因为利欲熏心没有考虑到事情的不利因素，而采取拙劣战略的事例，在商业世界似乎并不少见。

另一个更具战略性的原因是,只有做好了面对那些不利因素的思想准备,才能在之后完全不同的思路中发现更大的有利因素。

如,在军事战略中,第二章第三节介绍的韩信的背水之战就是一个很好的例子。采取临水布阵这样一种看起来相当拙劣的作战策略,使我军生出紧张的气氛,同时也使敌军掉以轻心。我军的紧张拼搏与敌军的疏忽大意这两种有利因素,无不是拜这种有害战略(背水之战)所赐。

举一个现代商业界的例子,谷歌免费提供搜索引擎,正是"对不利因素做好心理准备"的战略。在免费提供搜索引擎之前,谷歌都以收取搜索的费用作为商业利润的来源,免费提供搜索引擎这种自断收入的做法似乎是一种充满"不利因素"的战略。

在这种情况下,由于这项战略的实施,世界上所有的互联网用户都开始使用谷歌的搜索引擎,此时产生的有利因素就是"无数网民使用谷歌搜索"。于是,谷歌将这种有利因素巧妙地利用到广告收入上，决定对想要出现在网民搜索结果中的企业收取广告费。

另外，在产品开发阶段，"对不利因素做好充分准备，结果取得巨大成功的案例也数不胜数"。如小松公司由于热门商品而驰名天下，该公司采取的战略就是创造出来的产品的性能和特征，一定要有优于竞争对手之处。

为了更好地开发出优良性能，就必须耗费一定的资源和费用，此时投入的资金和资源会使厂家不断地发现产品"不出彩"的地方，即次于竞争对手的性能和特征，并对此不断地加以完善。也就是说，这时的战略性思考是指对不利因素，即"次于竞争对手的特征和性能"做好心理准备，由此所带来的有利因素就是开发出优势完全领先于竞争对手的产品。

接下来是：为什么在看到有利因素时考虑到不利因素就能解决忧患之处呢？

在考虑有利因素的同时考虑不利因素，事物之间的平衡可能就会打乱。在战略中，同时加入有利因素和不利因素，用这种更为复杂的作战计划来打乱平衡或者说

第五章 战略性思考

扰乱敌人，由此达到消灭不利因素的目的。

平衡是一个非常简单的想法，但是异常重要。扰乱敌人是一个更为高明的策略，以利益来搅乱敌人的动向（或者说将敌人引入我方设计的圈套），由此来一步步减少对我方不利的因素，最终使所有的不利因素都消失殆尽。

像这样在充分考虑到利害相互作用的基础上，慢慢地增加对自己有利的因素，中和不利因素，可以说是对本节所引用论述的最直接的解释，但是我认为孙子的言论深度远远不止于此。

首先，在制定战略时，综合考虑利害后所制定出的战略，其视野必定会更加宽阔。比如，在思考战略时，会把有害因素过强和容易排除的行动方案也加入战略视野中去。或者，如果敢于加上看似充满"不利因素"的战略，那么就会考虑之后是否能看见更多的有利因素。

进一步说，如若能养成经常同时思考何为有利因素何为有害因素的习惯，那么判断利害的能力也就能得到相应的提高。正如本书所强调的，不光是利与害，任何事情想要完全掌握都是非常不易的。因此，锻炼判断利害的能力，这可以说非常有益。

那么，什么样的人能够准确地判断有利因素呢？关于这一点，孙子有一句意味深长的论述，出现在《作战篇》的开头，正是本书第二章第二节所阐释的那句：

"不尽知用兵之害者，则不能尽知用兵之利也。"（第二篇《作战篇》）

《作战篇》中这句话出现的段落，是在阐述长期鏖战对国家所带来的资源负担。因此，这里的"用兵之害"是指对百姓造成的负担以及资源的巨大消耗。"战争旷日持久而有利于国家的事，从来没有过"，这句话之后出现的就是上文的论述。

然而，这句话的意思绝不仅限于"要考虑到战争对百姓财产以及资源造成的巨大消耗"。

这句话是说，只有了解害处才能明白利处，并且重点就在于此。首先要考虑的不是有利因素而是有害因素，由此利害才能同时窥见。

之所以要首先考虑有害因素，是因为利益容易使人

第五章 战略性思考

迷失心智。在失去理智的情况下即使想要注视有害因素，也无法轻易看到。

孙子写的"尽知害"也值得留意。只有完全了解自己的作战策略所带来的害处，才能够看清作战策略所带来的利处。此外，对于不利因素，不能只注意到它的一部分。只有对不利因素观察得细致入微，有利因素才会完全映入眼帘。

微小的有害之处对面隐藏的可能是巨大的隐形利益（谷歌案例），如果无法看到很大的不利因素，那么衍生出来的利益自然也就很少（小松案例）。

因此，首先要看到不利因素的全貌，之后再考虑有利因素。

孙子的言论，意味深长。

三

以迂为直，以患为利
——大胆前行、诱导、积累

"两军对阵争夺有利条件时最困难的地方就在于把迂回曲折的弯路变为直路，化患害为有利。"

"军争之难者，以迂为直，以患为利。"（第七篇《军争篇》）

"军争"是指在战场上直接与敌人作战。在这里，孙子认为"以迂为直"是战略性思考的要点之一。"迂"是迂回、遥远之意，"直"是指"直接，不弯曲"，也就是近便之路。孙子认为，在战场上作战的要点是：要通过看似迂远曲折的途径到达近直的目的，把看似不利的因素变成有利的因素。"迂直之计"这句广为人知的名言，正是孙子的作战策略。

第五章 战略性思考

上一节从战略性思考的角度,提出了将利害混杂在一起考虑,可以消除事物的两个对立面。本节要谈及的远非如此,孙子更进一步阐明:不仅要消除事物的两个对立面,而且应该将两个对立面中的缺点和不利因素转换为优点和有利因素。

说到"迂变直""患变利",可能听起来如同变戏法一般,当然,孙子并不是说要考虑如何去变戏法。那么,又如何能使"迂变直"成为可能呢?

孙子设想了三种作战方式:

(1)通过我方努力,将那些敌人看起来迂回曲折的途径变成更加快捷之路,再对敌人发起攻击。

(2)一边选择在敌人看来是迂回曲折的途径,使敌人疏忽大意,一边准备更快速的进攻之道。

(3)有些乍一看似乎很近的途径其实危险万分,采取迂回之道反而能更加快速地夺取胜利。这时的迂回曲折之道实际就是近直之道。

在日本的军事史中,源义经(1159—1189年,日本平安末期的武将。——译者注)就是采取第一种作战方式取得成功的典型例子，在源平之战的几场主要会战中，源义经常常采用"出乎意料的作战策略"，可以说是屡试不爽。

如一之谷会战。一之谷与神户相距很近，源义经在一之谷后面一处叫作鸭崖的断崖处安排骑兵对在此布阵的平家军发动偷袭，并且大获全胜。平家军完全没有料想到源义经会从悬崖直下发起攻击，因此全军溃败。

还有屋岛（香川县高松市东北部，突出于濑户内海的陆连岛。——译者注）之战。因一之谷会战而一败涂地的平家军在香川县高松附近的屋岛集结了大量水军，与自海洋对面（北边）攻击而来的源氏水军形成对峙局面。但是，此时的源义经趁着暴风雨，以飞快的速度从大阪湾横渡到阿波（日本旧国名之一，相当于今德岛县全境。——译者注）的胜浦，之后更是走陆路从阿波赶到赞岐（日本旧国名之一，位于今香川县全境。——译者注），然后再从屋岛的陆路（南侧）对平家军发起偷袭，而只对海面攻击做好防备的平家军此时又是落荒而逃。

第五章 战略性思考

要使上文所述的第一种作战方式取得成功，必须具备敌方想象不到的谋略能力以及为我军所用的撒手锏。对于源义经而言，这就体现在关东武士的作战能力和义经本人大胆的作战构思能力上。无一例外，这些都远远超出了平家军的预料。

20世纪80年代中期，东芝开发了一种1M比特的DRAM存储器芯片。以下可以说是商界运用上述第一种作战方式取得成功的案例。20世纪80年代初期在存储器领域落后于人的东芝，一边声称"退出该领域"，一边在当时开发尚为困难还没形成市场并且集聚度更高的1M比特存储器领域投入了所有的资源，加快研发。于是，在世界首个储存器研发与批量生产方面大获成功的东芝，转瞬之间就在存储器领域巩固了地位。当时的东芝抛弃了已经形成一定市场的64K和256K的存储器，特地采取了这样一种迂回之作战方式。

在最前沿市场打头阵的东芝大获全胜以后，日本其他的半导体公司也纷纷进入尖端产品研发竞争的争夺战中，这甚至成为后来允许三星加入市场竞争的间接原因。

这次东芝的战略成功,在半导体产业史上留下了浓墨重彩的一笔。

接着,是关于迂直之计的第二种作战方式。

孙子所写的成功秘诀其实在第四章第四节已经介绍过了,即"风林火山"。军队时而行动迅速,如狂风飞卷,时而行军从容,如静谧森林徐徐展开。这样将对手玩弄于股掌之中,这就是见之以迂、动之以直,同时相互共存的战略。

迂直之计的典型例子"风林火山"出现在《孙子兵法》的《军争篇》(第七篇)中。在此处,提到了作为"风林火山"的四个要素"四如",接着,还有两句论述,即"难知如阴""动如雷震"。也就是说,关于"迂直之计",实际是介绍了风、林、火、山、阴、雷六个要素。

在总结这六个迂回之计的段落中,孙子这样写道:

"*兵以诈立,以利动。*"(第七篇《军争篇》)

这句话是说要施诡计,以利诱,不断地分散、集中兵力,自由地变换战术,实施迂回之计。这是迂回之计第二种作战方式的本质。

第五章 战略性思考

在迂回之计的第三种作战方式中，注意到近直之道的危险所在，采取迂回之术才是最高明的。这一点听起来多少有些消极的意味，但这确实是真正的正面作战的迂回之计。

"近直之道潜藏着巨大的危险。"孙子想象着战场上将士们的实际行动一针见血地说道。这种对现场走向细致入微的想象力，在《孙子兵法》全篇中随处可见。这也是孙子的魅力所在。

如，在本节开头引用的论述之后，孙子警告道，"举军而争利则不及"，真实地描写出了带着全军辎重去争利的行军状况。另外，如果太过草率地丢掉所有辎重，也会因为兵站补给的青黄不接导致兵败身亡。这其实说的是百里之行，欲速则掉兵，行军迅速的将军反而更容易落入敌网。

无论上述哪个例子，都说的是近直之道看似充满有利条件，实际上危机四伏。孙子道，"军争为利，军争为危"。

在商界，近直之道危险丛生的实例也数不胜数。如，有很多企业本来计划通过收购来占领市场或者通过技术引进来掌握新技术等战略，以此来减少企业需要投入的时间成本，但往往却会因为收购到一家空壳企业，或与收购企业的项目磨合以及引进技术的消化等问题反而花费了更多时间，最终导致战略失败。

因此，从公司的工厂建设到人员的任用以及流通网的构筑等，所有这一切都是从零开始的新开发领域的投资，包括那些以自主开发为基本的国内技术研发等项目，这些看起来似乎都是迂回之计的投资，最终取得成功的案例却出乎意料地多。

按照我个人的理解，迂回之计的第三种作战方式的关键词就是"迂回积累"，而第一种类型是"大胆直行"，第二种类型是"以迂为诈"。

另外，在这三个关键词背后，还必须思考如何使这三种作战方式成为可行的战略计划。

"大胆直行"这一迂回之计若要获得成功，则必须具备使敌人出乎意料的能力以及战略构思能力。

或者说，若"想以诡计诱导敌人"这一迂直之计奏效，在引诱敌人之后，应该采取怎样的随机应变的战略，这些都需要事先做好准备。

同理，为了使迂回积累这一战略取得成功，对于如何进行积累储备、如何提高效率，也应该事先做好战略规划。

不能仅仅把迂回之计看作"欲速则不达""转祸为福"的警世训谕。在这里应该考虑，自己能否创造支撑着迂回之计背后的三个关键词的条件、孙子要求必须具备的战略性思考。

四

作之而知动静之理,角之而知有余不足之处
——首先行动,然后从细节中汲取信息

"通过挑逗敌人,可以了解敌方的活动规律……通过试探性进攻,可以探明敌方兵力布置的虚实强弱。"

"作之而知动静之理……角之而知有余不足之处。"(第六篇《虚实篇》)

此处引用的论述是在阐明怎样才能知道我方与敌方的实力对比,怎么才能掌握敌方的动态。与对方的优劣对比以及对方的动向,都是思考战略时的基本信息。因此,如何才能掌握这些信息对战略性思考而言十分重要。

如果将孙子的论述直译,可以翻译为"通过刺激敌人来了解敌人的活动规律,通过试探性进攻,可以探

第五章 战略性思考

明敌方兵力布置的虚实强弱"。那么,"作"指行动,而"角"则指与敌人的接触。

通过刺激敌人或试探性地进攻敌人,总之就是使自己与对手接触,来了解敌人的行动规律与强弱所在,这正是这句话的有趣之处。

并非单纯地观察对方或者在实施探索行动时收集信息,而是在实战中,也就是在现场动向的细节中获取对方的有关信息。我认为这点非常特别。

当然孙子也认为各种各样的探索行动非常重要。在孙子的论述中,为了知晓我军与敌军的动静以及实力对比,需要开展四种活动,而此处只引用了两种("作"与"角")。其他两种之所以没有引用,是因为"策"与"形",在我看来,无一不是普通的信息收集。

孙子说,所谓"策"就是通过仔细分析敌情判断敌人作战的优劣得失。又继续论述道,"形"指把握敌军势态,由此就能明白敌人的"死生之地"。

但是,无论是分析判断还是把握敌军态势,都只是一种观测行动或探索行动,并没有将行动付诸实践。与此相对,"作"与"角"指和对手实际接触,也就是说在小规模的实战动态中,以及在敌人的动向细节中获取相关信息。从这一点来看,二者有着本质的区别。

此处有两个关键点。第一点是"在现场采取行动,在行动中观察对方";第二点是着眼于细微之处。采取实际行动,同时仔细观察,这也是孙子在《孙子兵法》一书中多次强调的关键词。

我方采取行动,对方作出回应而采取行动,在这样的实际状况中观察对方颇为重要。这里所说的第一个关键点的意义在于,只有在实际的行动中,最真实的状态才会浮出水面。因为对方之所以会采取行动,是由于在这行动背后,肯定有着什么意图及理由。或者说,对方的行动反映了自己处在什么样的状况中。因此,在现场的动向中观察到的事物隐藏着对手最真实的一面。

所以,孙子认为采取刺激对手的作战策略探视性地进攻对手,便能从对手的反应中,了解对方的行动规模(动静之理)与兵力分布的强弱多寡(强弱之处)。

接下来是此处所引用论述的第二个关键点。重视现

第五章　战略性思考

场细微之处这样一种思维模式，实际是说不仅要观察，同时，通过细微之处的观察来真实地想象现场实际情况也不容忽视。

比如说，对于如何探索敌情，孙子的观察细致入微。在第九篇《行军篇》中，有这样一句有关判断敌情标准的论述：

"杖而立者，饥也；汲而先饮者，渴也；见利而不进者，劳也；鸟集者，虚也；夜呼者，恐也。"（第九篇《行军篇》）

在作战中，如果有很多敌军使用拐杖，那是敌军饥饿的表现；士兵渴望饮水，是因为水资源匮乏；敌人见利而不进军争夺，是疲劳的表现；敌人营寨上聚集着鸟雀，说明营寨已空虚无人；敌人夜间惊呼，说明敌军心中恐慌。

无论是上述哪种情况，都会让人大呼"原来如此"。能够如此细微地观察并推测到"战场的实际状况"，不得不让人感慨"现场想象力"是何其重要。就这点而言，企业经营也正是如此吧。

对敌人组织内部中的心理状态的推测，孙子又继续写道：

"军扰者，将不重也；……吏怒者，倦也。"

这句话是说，军营惊扰纷乱，是敌将没有威严的表现；敌方军官急躁易怒，是敌军疲惫困乏的表现。这些都完全适用于企业的论述。

但是，如同第一章所介绍的，无论是"兵者，国之大事"还是"算多胜"，孙子一直在强调事前对这种庞大的构想计划进行充分规划的重要性。与此相对，本节介绍的却是要重视从现场的细微之处来进行推测。这就是孙子的魅力所在。庞大的构想与细微的想象，换句话说就是"鸟之眼"和"虫之眼"的完美共存。

如果将本节引用的孙子论述运用到商界，将会得出怎样的启示呢？

前文已多次赘述，在商界需要考虑的对手有两种类型，分别是竞争对手和顾客。竞争对手可以被看作敌人，但顾客却不是敌人，而是企业的命运所在，同时他们也不是会任我方摆布之人。

第五章　战略性思考

将顾客当成对手来理解孙子的论述，就是"试着刺激顾客，与顾客发生实际接触，根据顾客的反应来判断、了解其需求"。并非单纯地进行市场调查，而是通过如向顾客提供实际产品或者样品等来了解需求。

当然，苹果的创始人史蒂夫·乔布斯曾说过："对于顾客群体而言，只有向他们实际提供了创新性产品，他们才明白原来自己想要的是这种。其实顾客群体他们对自己的真正需求也模糊到事先无法用语言表达出来。"

然而，一般的企业想要如同乔布斯般胆大无畏恐怕并非易事。倒不如说，频繁地与顾客接触，偶尔刺激顾客，由此一边听取顾客对产品的不满与改善要求，一边推进产品的研发，这点听起来似乎可行性更高。

此时，这种情况就如同在企业的研发团队与顾客之间有艘往来的船只，这艘船只源源不断地收集着顾客真正的要求与需求，再将此传递给企业。可以说，这艘双向的"联络船"不断地在顾客之港与企业之港之间往来，为顾客带去企业的方案，然后又为企业带回有关顾客反响的重要信息。

为了掌握顾客真正的需求，企业方面必须采取行动。只是暗中观察是绝对不够的。只有向顾客提供产品和服务，顾客才会对此作出有意义的回应。当然，只是口头询问，顾客也无法给出具有参考价值的答复。

懂得向顾客学习的企业也就是会向顾客送出咨询的联络船的企业。只要送出了联络船，那么归来的船只也必定能带来载满顾客需求的丰富信息。

此处引用的孙子的这句论述，一针见血地道出了联络船的意义。

五

始如处女,后如脱兔
——学习能力至关重要

"战争开始之前要像处女那般沉静示弱,使敌人放松警惕,打开攻击之门;战斗开始之后,则要像逃脱的野兔一样行动迅速,使敌人措手不及,无从抵抗。"

"始如处女,敌人开户;后如脱兔,敌不及拒。"(第十一篇《九地篇》)

这是《孙子兵法》中著名的一句论述,标题引用的只是通常使用的省略形式,原文中还有"敌人开户"与"敌不及拒"这两句话。

将上述引用的话进行翻译,大致如下:"在战争开始之前像处女那样显得温柔老实,诱使敌人放松戒备;战争开始之后，则要像逃脱的兔子般迅猛攻击，使敌人措手不及。"

这句话出现在第十一篇《九地篇》的最后一节。在这一段的开头，还有这样一句论述：

"为兵之事，在于顺详敌之意。"

也就是说，充分把握敌人的意图对于行军作战而言十分重要。在这一节的开头就提出要在理解敌人意图的基础上，诱导欺诈敌人，以此作为《九地篇》的结尾。

但是，作为"诱导"与"欺骗"的手段，仅有"如处女"般的行动，似乎并不成立。古往今来，人们都只把这句话理解成一种欺骗的技巧。从更宏观的意义上进行解释，可以理解为"刚开始时要谨慎行动，使对方认为我方并没有什么了不起的，从而放松戒备，之后再一鼓作气击败敌人"。从《孙子兵法》原著来看，我更倾向于这样的解释。

我认为孙子的意图也正如广义的解释一般，那么运用"欺骗技巧"的处女与一鼓作气发挥实力的脱兔有何区别呢？这个问题的关键就在于"为何安静的处女能够变身脱兔"？

孙子并没有明言这个问题的答案，但是这种具有孙子特色的逻辑方式可以从其他部分进行推测。如果仅仅只是欺骗，作为战略性的思考似乎太过肤浅。

这个答案的暗示其实在本书前一节。通过"角"与"作"这种直接地与对手进行接触的方式，可以了解自身，也可以给我方带来其他收获。这一点是本书上一节的基本信息。"角"与"作"这种实验性的接触，都可以看作是"如处女"的行动方式之一。

也就是说，只有在静如处女之时，有了一定的积累、积淀，才能变身脱兔。因此，不是任何"处女"都能变成"脱兔"，只有做了相应准备的"处女"，才能最终迎来华丽变身。

在处女时期，所能取得的收获，大致分为三种。

第一种如上节所述，是关于敌情的具体信息。敌人的行动模式，敌人的强盛寡弱之处，通过处女时期的行动与试探性作战，这些信息都可以收入囊中。在这些信息中，所谓"顺详敌之意"这种需要掌握的敌人意图自然也在其中吧。

第二种指自身经验的积累和能力的提高。在安静沉稳如同处女的时期，必定能有各种体验；在与敌人试探性的交战中，能力也会得到相应的提高。也就是说，不断地学习经验，提高自身能力。

第三种指敌人的疏忽大意，有时候甚至还能赢得敌人好感。所谓作战中的欺诈策略，就是指处女的举止能够取得的收获。

换言之，第一种是学习对手，第二种是提高自身能力，第三种是使敌人放松戒备。

纵然战场与商场相似点众多，但也各有差异。第一点不同就是对时间流逝的速度的要求并不一致，战场要求速战速决。只要是大型会战，除非攻城战，一般都是在一两天内迅速结束。但是，商场上时间的流逝则要缓慢得多，很少会因为一次行动就全盘皆输，另外，在商界，学习并提高能力也必须稳扎稳打地一步步进行。

因此，考虑到向战争传递信息的是"始如处女"时期所带来的东西，可能更多的是第一种和第三种。然而，

第五章 战略性思考

在商界更多的则是第一种和第二种。

提到从处女变脱兔的经营战略，想到的是在本书第三章第二节已经介绍过的三星集团加入半导体行业，由此强势碾压日本企业的经营战略。三星集团在20世纪80年代中期以处女般的姿态加入日本企业占据绝对优势的半导体存储器市场，之后更是变身脱兔，赶超日本企业并实现完美逆袭。当时正值20世纪90年代中期，距三星加入半导体存储器市场不过十年时间。

三星集团之所以进军存储器市场，是因为当时的64K存储器的零部件正在成为过气商品。日本企业当时一心想在尖端技术产品上一较高低，早已放弃这种零部件。但是，哪怕是过时的产品，人们对它的需求还是十分庞大的。同时，由于日本企业放弃了这一领域，三星集团完全可以以处女的姿态轻松地加入这一领域。

三星集团的这一成功，并未欺骗日本企业。而日本企业则轻易地自己"打开了大门"，把过时存储器零部件的需求拱手让给了三星。同时，那些针对过时技术的设备也以二手价格便宜地从日本企业转手到了三星。这其实和"打开大门"并无二样。此外,三星更是直接登门造访,请教日本企业相关技术。据说,有一些日本企业为韩国企业传授技术,还有一些日本企业的员工利用周末到韩国企业做兼职。

像这样,除了获得日本企业无意识的援助之外,处女时期的三星更是取得了"学习对手"和"提高自身能力"的两大成果。

所谓的学习对手,一是指通过购买产品的顾客来了解顾客的特点,二是学习身为敌人的日本企业的行动规律,了解其强弱多寡所在。通过大量地生产半导体产品,提高其生产技术,三星的能力得到了提高。

以知识积累、能力提高、利润积累为基础的三星集团,在20世纪90年代初期如同变身脱兔般地开始实施积极研发和投资设备的战略。三星完美地利用了当时的日本企业容易陷入尖端技术争夺战的特点,以及泡沫经济崩溃以后日本企业的资金运转开始捉襟见肘的困境。换言之,使得三星集团能够在了解对手强弱多寡以后最终变身脱兔的还是日本企业本身。

第五章 战略性思考

在长期的经济不景气中积极地投资设备和低价格战略，以这种老套的战略来战胜对手，这是已经拥有众多设备的三星集团才具备的成本竞争力，而且日本企业早就累了。确如孙子所言，这变成了"敌不及拒"的状况，日本半导体企业由此走向衰落。

我认为从处女变脱兔，这种战略性思考的要点不仅有欺骗，而且有学习，这是处女经过学习变身脱兔的战略。

不具备学习能力，或者说准备不充分的处女，最多也只能欺骗对手一时。如果想要长期发展，则希望渺茫。学习能力至关重要，这种能力在实战中被培养，又在实战中得以发挥。如同前节所述的"作"与"角"这两种战略性思考，是只有在实战中才能孕育出来的产物。

因此，首先拿出行动吧！如同处女般学习、积淀，然后瞄准时机一鼓作气歼灭对手。

第六章
气势是经营的关键

一

激水之疾，至于漂石者，势也
——现场良好心态的本质在于气势

> "湍急的流水之所以能漂动大石，是由于水势强大的缘故。"
>
> "激水之疾，至于漂石者，势也。"（第五篇《势篇》）

纹丝不动的石头被湍急的流水冲击着，开始漂流起来，这是水流带来的移动。开始漂流的石头，更是被加入了水流自身的势头，移动的速度越来越快。

而这些全都是势能够导致的结果，平时并不常见的事情，可能因为具备了相应的气势而时有发生。

这些在企业组织或社会现象中经常能看到。举一个很小的例子，如"因为现场的气势而最终妥协"的顾客接受不合理的订购货物。或者说,一旦一种新的产品取得成功,这种成功会使员工的心态发生巨大的改变——变得干劲十足、积极进取,这样的员工又会给下次的产品带来成功。

有时候,气势也会带来负面影响。一个涉及全社会的例子就是泡沫经济,泡沫经济引起了无数企业过分的发热现象,如过大的设备投资和过热的财务投资等。

像这样由于势而引起"巨大骚动"的事例不胜枚举。孙子在战略性思考中非常重视气势。此外,如何营造气势在战略或在经营中是关键所在。因此,在本书的最后一章中,接着前一章总体介绍战略性思考的内容以后,又设置了这样一节以气势为中心来解读孙子战略性思考的内容。

所谓势,是指组织或者社会中的一种集团心理。成员之间相互激励,正能量的反馈会在他们中间互相传递,积极向前的态势也会愈发高涨。于是往一个方向的矢量就会开始收敛。这时,出现的是一种我想取名为"发热现场"的高昂情绪,有时候这种情绪太过高昂,也会产生负面影响。但是,从好的方面来考虑,这种给自己提供不断前进的能量的机制,其实就是气势。

在《孙子兵法》全书的十三篇中,从第四篇到第六篇的标题其实都是在说孙子的战略性思考的本质,即以下这三篇:第四篇《形篇》、第五篇《势篇》、第六篇《虚实篇》。

"形"是指军队的构成,即军队组织的组成与部署。正如本书第四章所介绍的,虚实是指以实击虚的战略,或者说虚实相交的战略。

除了这三篇以外,当然是标题中涉及军事战略的篇章,如《作战篇》《谋攻篇》《军事篇》《九变篇》等。

不可否认,在《形篇》《势篇》《虚实篇》这三篇以外,还有很多关于孙子战略性思考的含义深刻的论述,因此,在前一章介绍了这三篇以外的有关战略性思考的论述。而本书的第六章会从这三篇也就是将战略性思考方式当作每一篇标题的内容中选取有关"势"的论述进行相应的解读。

将《形篇》到《虚实篇》这三篇归纳起来解读,我认为有关孙子的战略性思考的最重要的本质就在于"在形和虚实上费尽功夫,然后创造气势"。所以,在《势篇》中关于气势的论述,在《虚实篇》中也同样存在。

孙子为何如此地重视气势呢?《势篇》中的一句论述则直截了当地说出了其理由:

"乱生于治,怯生于勇,弱生于强。治乱,数也;勇怯,势也;强弱,形也。"(第五篇《势篇》)

意译大概是如下意思:治军严明也有动乱不堪之时,勇敢之士也有胆小怯弱之时,强健军队也有衰弱之时。这才是军队的常态,决定军队是否治理有序的在于"数"(兵力和武器的规模),区分士兵勇敢或胆怯的在于气势,决定军队是强大还是弱小的在于"形"(军队的构成、部署)。

所谓"数"是指决定战争物理力学的基本变量,庞大军队无法战胜正是说这个。然而,如果能在军队的构成和部署上取得优势,哪怕在数量、规模上处于劣势,在实际战斗中也能力挽狂澜,这才是实战中军队强弱的关键所在。也就是说此时的强弱在于"形",换言之，在每次的战斗中，决定物理力学的其实就是"形"。

但是，决定在战场上哪方处于优势的还有另一个重要的变量。这个变量是孙子极为重视的战场将士心理学，并且他认为其与战场物理力学同等重要，也就是所谓的勇敢、怯懦。勇敢的士兵总是能充满战斗力、一往无前，而怯懦的将士即使在数量上处于优势，最终还是会落荒而逃。

决定这种勇敢和胆怯的在于气势。孙子一语道破，其实战场将士的心理正是气势决定的。

因此，怎么才能创造气势，怎样才能给自己的组织带来好的心理状态，认真思考这一点是经营的关键，也是战略性思考的焦点所在。从这一点来说，军队和企业组织恐怕别无二样吧。

关于创造气势这一点，孙子认为形和虚实密切相关，我们来介绍两句象征性的表述。

首先，在第四篇《形篇》的最后，有这样一句象征性描述"形"创造"势"的论述：

"胜者之战民也，若决积水于千仞之谿者，形也。"

(第四篇《形篇》)

军队创造之势,要如同积水瞬间落入千仞山谷一般势不可挡,这才是胜者的取胜之法。为了能够取得这种胜利,首先要积蓄积水,然后需要使其一鼓作气落入谷底,孙子想要传达的恐怕正是这一点。

孙子在书中给我们描绘出了这样一幅画面,创造出水落谷底之势的是所有将士,只有他们都朝着一个方向前进,这种势头才会越来越猛。

我在《计篇》和《势篇》中,分别读到如下论述,讲述虚实与势的关系所在:

"势者,因利而制权也。"(第一篇《计篇》)

"战势不过奇正,奇正之变,不可胜穷也。"(第五篇《势篇》)

关于前面一句话,我的解释是,在仔细斟酌我军与对方的有利条件以后,采取随机应变的措施,以此来创造出一种掌握主动权的气势。这句话出现在《计篇》"兵者,诡道也"一段之前。

也就是说,气势虽指将士的心理,但为了将其往积极的方向引导,则必须采取随机应变的策略才能取得成功。这里所说的正是考虑诡道和利益的虚实战略给我军带来的心理效果。

后面一句话说的是奇正组合创造气势的简明事实,只是奇正的组合无穷无尽,这里显示出了独具孙子特色的洞察力。可以说,虚实战略的组合正是奇正组合的基本所在。

在本书第四章第一节中介绍的"凡战者,以正合,以奇胜"是我认为的孙子战略的第一处精髓所在,这句话也同样出现在《势篇》中。此处引用的"战势不过奇正"这句话正是在"以正合,以奇胜"合正奇胜之后作为解释奇正组合的无穷无尽而出现的。

创造气势的战略,其实就是奇正虚实相交这样一种孙子基本的思维方式。采取这样的战略,就能使水泄千仞之谷,石漂而动。这才是胜者的应有姿态。

二

势如彍弩，节如发机
——瞄准目标，一鼓作气

"擅长指挥作战的人，进攻时态势险峻，掌握的行动节奏是短促而猛烈的。险峻的形态就像拉满的弓弩，急促的节奏就像触发弩机。"

"善战者，其势险，其节短。势如彍弩，节如发机。"（第五篇《势篇》）

对于拥有气势的战略而言，不可缺少的要素是"节"。"节"是指竹节，在这里我们可以把它理解成事物发展的阶段。善战者，能够极大程度地缩短战争的时间跨度，气势也能从此处孕育而出。本节引用的这句话，正是关于"势"与"节"之间关系的论述。

首先，善战者在进攻时势态险峻，为此需要使战争的行动节奏短促而猛烈。另外,险峻的形态就如同张满的弓弩,此时一鼓作气发射弓弩才是掌握战争节奏的正确做法。而"发机"则指射箭时的操作。

这里孙子想说,为了更好地营造气势,重要的是"瞄准目标,然后一鼓作气发射弓箭"。此处将作战比作击剑,首先如同拉弓时瞄准目标,然后一鼓作气地射出手中的弓箭。

这和前一节介绍的积水落入千丈之谷别无二样。积水如拉弓,落入千丈之谷如同发射弓箭。行动节奏越是短促,则气势越为猛烈。

其实,"鸷鸟之疾,至于毁折者,节也"这句论述,是紧接着上节引用的"激水之疾,至于漂石者"出现的。从有关"势"与"节"的论述在书中出现的位置,可以发现它们是成双成对出现在相同的地方的。"鸷鸟之疾,至于毁节者"这句话是说,"凶猛的鸟迅速搏击,以致能捕杀鸟兽,这是由于它的节奏恰当"。

漂石之势与鸷鸟之疾相互呼应,另外,态势险峻与节奏短促又如出一辙。孙子又说道,以弓箭作为比喻,重要的是首先拉弓时做好准备,然后迅速射出弓箭。从以上皆可看出,所谓"势"就是"瞄准目标,然后一鼓作气发起攻势"。

"首先瞄准目标,再一鼓作气地发起攻势"这种战略思维在《孙子兵法》一书中的其他地方也出现过。《九地篇》是《孙子兵法》中主要论述在身处各种不同地形的情况下作战策略的多样性的一篇,在总结性地论述战略时,曾出现了以下这种战略立意。

孙子如此说道:

"帅与之期,如登高而去其梯;帅与之深入诸侯之地,而发其机,焚舟破釜。若驱群羊……"(第十一篇《九地篇》)

"帅与"指发动战争,而"期"则指确定作战时间。孙子在这里说道,做好这些准备指挥军队作战时,要使其登上高处,然后再抽去梯子,使军队没有后退的余地。在现代日本,我们经常用到"去其梯"这一惯用词,恐怕出处正是孙子的这句论述。

孙子指出,将领使士兵没有后退的余地,就等于

第六章 气势是经营的关键

已经为他们制定了一个巨大的目标。于是，一旦深入敌军腹地，他们便能发起攻势，也就是此时军队能够一鼓作气发起攻势。这样军队就如同被驱赶的羊群一般行动起来。

那么，军队又为何会成为四散的羊群呢？

这是因为在羊群里，如果有一头羊开始骚动起来，其他的羊也会跟风行动起来。接着，跟随这种大潮，羊群的骚动会越来越剧烈。这时，如果饲养人再从后面加以追赶，羊群中便会营造出一种态势，也因此能够决定羊群行动的速度和方向。

能够使军队进入这种状态的，则是创造气势的战略。在此基础之上，重要的则是"登高而去其梯"与"发机"，此时营造出来的气势如果再加以适当刺激，则能使军队更加快速地行动起来。

我曾从本田研究所的工作人员处听闻，他们的项目管理方法是"让人顺着梯子登上二楼，再撤去梯子，更甚者会从下面'煽风点火'"。关于这一点，从项目管理方面来说，可能太过冒失莽撞，但就工作人员的士气而言，早已被挑动起来了。这不正是两千多年前孙子的论述被本田的工作人员情景再现了吗？

何为目标？如何才能一鼓作气？在商界似乎永远变化多端。

说到其中的例子，可以提到苹果公司的 iPhone 战略。

从 iPod（苹果公司推出的便携式数字多媒体播放器）到 iPod nano（苹果公司推出的音乐播放器），在移动音乐播放器的领域，苹果公司制定的目标是使自己的产品成为互联网终端设备的数码产品。它追求的不仅是产品的形象和市场占有率，还包括便于使用的软件，开发设计优越的产品并提高供给能力。

在实现这些目标的过程中，苹果公司最终成功地开发出了使用手机通信网的移动数码终端设备——iPhone 和具有通讯功能的 iPod nano。同时，苹果公司的供给能力急剧扩大，因为它在 iPod 时代就与鸿海等生产企业建立了很好的合作关系。

在瞄准目标的基础之上，苹果公司一鼓作气，推出了 iPhone，形成一股巨大的洪流，转瞬之间创造了智能手机的市场。也正是因为苹果公司已经创造了这样一种气势，因此，不论是在苹果公司的员工之间，还是在顾客之间，早已形成了具有某种气势的集团心理。

那么，又应该怎样制定目标，在何种时机下一鼓作气，发动攻势呢？在思索创造气势的战略时，需要考虑到的事项其实很多。但是，关于思考此种战略时的缘由，孙子曾留下这样一句话，它出现在刚才引用的"若驱群羊"之后。

"九地之变，屈伸之利，人情之理，不可不察也"。

这句话在本书第二章谈到将领的应有姿态之时，已经引用过了。在第二章第三节中，曾谈到将领的任务是将三军投入险境，这是将领的应有姿态。

九地之变是指环境的变化，屈伸之利是指资源的投入以及行动方式的研究审察，人情之理是全军上下的心理状况。综合考虑这三方面，既能创造出气势，也能很好地利用气势。我认为，孙子说的就是这一点。

九地之变和屈伸之利属于战场物理力学，而人情之理是将士的人际关系心理学，要兼顾这两方面是孙子基本的思维方式。将此点完美表达出来的正是孙子这句论述。

与气势密切相关的，则是对人情之理的重视。气势是组织的集团心理力学。

这种组织的心理也是随着事情的发展不断变化的。在最初阶段，气势都相对较弱，这是由于集团心理气势还不够高昂。但是一旦制定目标，一鼓作气发动攻势，此时，在集团心理中便会出现积极的回应。将这种心理的变化当作时机则极为重要，所有这一切都只有在行动中才会实现。因此，积水泄入千仞之谷，这个比喻来形容此处最为贴切。

此外，这种心理不仅随着人际关系以及将领的领导能力的变化而发生变化，同时也因为九地之变和屈伸之利的不同而有所不同。如，战场上敌人溃逃以及兵器充足都会使我方士气高涨。

换言之，将孙子的战略性思考都付诸实践，在战场上营造出来的就是气势。

三

善战者，求之于势，不责于人
——气势超越人才

"善于指挥作战的人，他的注意力总是在'兵势'上，而不在于责成部属。"

"善战者，求之于势，不责于人。"（第五篇《势篇》）

"善于指挥作战的人，会根据战争的势态去寻求胜利，而不是依赖他人。"孙子这句话是说，比起战场上作战的士兵或者将领们的天赋异禀，战争的势态更为重要。

单独看这句话，其含义是，最重要的是具有气势的战略，第二位才是战场上的人才，这种解释恐怕读者们多少会生出一些不适之感。确实，这句话说的就是战场的气势比人才更为重要。

我想，孙子真正的意思并不只是强调气势的重要性，同时也在强调营造气势的责任在于将军，而不在于战场这一点。

有些将领或经营者，既不拉弓制定目标，也不一鼓作气缩短作战时间，只是一味地哀叹战场气势不够，孙子对这些人提出了警告。然而，被孙子一言命中的经营者似乎不在少数。

不过，就人才在兵法中所占位置而言，确实如同孙子所说，并不是最重要的。比起战场上人才的能力，孙子更加强调的是将领的战略以及军政的重要性。

如，在本书第一章第二节中提到，道为第一，法为第五，而将的位置则排在第四，比将更为重要的因素这里提到了"一曰道，二曰天，三曰地"。

此外，在《孙子兵法》全书中，用"善战者"这种表达直接来论述善于指挥作战的人的特点的，总共有八处，而在这八处中，直接说到将领和士兵等人才的重要性的，只有一处。

其他都只是论述在战略中形成一定的战况以及战略

第六章 气势是经营的关键

结构的重要性。比如，本书前一节所说的"善战者，其势险，其节短"就是一个典型的例子。

关于善战者的特征，唯一一处提到人才的就是本节所引用的论述，并且这句话也是在说气势比人才更为重要，并没有将人才放在最为重要的位置。

显然，这并不是偶然。这其实说明了人才在《孙子兵法》的思想体系中所处的位置。

孙子主张现实主义哲学，即个人（尤其是现场的领导者）能力是有限的。孙子认为，在战场的物理力学以及组织的集团心理力学面前，个人显得极为无力。因此，不能依赖于现场人们的努力程度，而需要深入思考力学结构，并且妥善地加以利用，这才是兵法的极致。于是才会有此处的"求之以势，不责于人"。

当然，正如本书一直强调的，孙子的深奥之处在于同时关注战场的物理力学和将士的人际心理学。所以，振奋战场上士兵的士气也是兵法的秘诀之一。

然而孙子认为，与其说战场上士兵的心理状况是根据掌控现场的将领的个人能力和领导能力变化的，倒不如说是由战场的状况和结构决定的。由此可见，重要的是事前做好将现场带入何种战况的打算以及制定随机应变的战略，此时，最需要重视的就是考虑到根据这些实际战场的心理会受到怎样的影响。这里的"打算"和"战略"都是将领的责任。

也就是说，孙子认为，在决定战场趋势的事物中，最需要重视的是战场心理学。但这种心理并不是从现场将领处生出的"跟随我"式的心理，而是要制定出战略，如"将士兵逼入万不得已的状况""振奋士兵的士气"，只有这样，士兵才会奋勇杀敌，一往无前。

换句话说，现场的状况及构成是根据君主或将领制定的战略变化的，在这种变化中，士兵的心理状况也会对此作出相应的回应。所以，一种战略需要通过现场的构成和状况这样一种过渡，才会直逼人心。于是，被振奋的人心会成为最终取得胜利的撒手锏。这就是《孙子兵法》。

确实，根据《孙子兵法》的思考原理，与营造气势的战略相比，现场人才的能力所处的位置更为靠后。

第六章　气势是经营的关键

这种思考原理也完全适用于企业经营。仅仅说"跟随我",是无法动员全军的,更应该思考的是制定能够改变现场构成和实际状况的经营战略,以此来对现场士气产生影响。从这个意义上来说,需要的并不是"跟随我"这种喊口号式的直接动员方法,而是需要通过状况和构成等这种中间项的间接动员的经营方法。对于将领、君主、企业的领导人而言,这才是真正的经营的本质。

当然,孙子也并不是认为现场的人员无关紧要,任何人都能胜任现场工作。在言明"不责于人"之后,他马上说到这一句:

"能择人而任势,任势者,其战人也,如转木石。"

这句话是说有必要选择具有破敌势态能力的将领,将战场交给这样的将领来指挥作战,便能生出如转动木头和石头一般的势态。此时,对于已经开始奋起的气势,应该选择不阻止其势反而能使其加速的将领。

那么,对于已经具有一定气势的现场,应该交付给怎样的人呢?关于这一点,孙子又说了这样一句话,给了我们耐人寻味的启示:

"木石之性，安则静，危则动，方则止，圆则行。"

这句话是说，拥有一定气势开始滚动的木石也有一定的特性。这时需要的是不止其势、使其加速的人，即能够在"木石稳定的时候破坏安稳""遇到方形石头时则要使其变圆"。这种人更加重视危险与圆润，重视安稳与平稳之人则绝对无法胜任。

孙子不仅言及了不止其势，使其加速的现场将领必须具备的要素，同时还意识到不止其势与创造气势的区别所在。

对于创造气势而言，首先要使静止的事物活跃起来。为此在转瞬之间就需要巨大的能量。怎样才能产生这种能量，则需要煞费苦心。这与维持木石运转之势而言，有着天壤之别。

因此，孙子接着又以此作为《势篇》的结尾：

"善战人之势，如转圆石于千仞之山者，势也。"

这里再次出现了圆石滚入千仞之山的描写。在《势篇》的前一篇《形篇》的最后部分也曾写到积水泄入千仞之谷（本书第六章第一节）。《形篇》中的水，《势篇》

中的石,这两种事物无一不落入千仞之谷。相似的表达这般地重复,可见孙子是如此想强调气势的重要。

这就是"瞄准目标,一鼓作气发起攻势"的战略性思考的重要所在。首先,制定这种战略的经营者极为重要,另外,比起那些在现场考虑着要不止其势的人们,重要性上确实有区别,这也不足为奇。

这种区别,都已凝练地体现在"求之以势,不责于人"这句话中。

四

兵有弛者，有陷者，有崩者，有乱者
——组织崩溃的力学

"军事上作战失败的情况有走、弛、陷、崩、乱、北等六种情况，这六种，都不是由于天灾造成的，而是由于将帅的过错造成的。"

"兵有走者，有弛者，有陷者，有崩者，有乱者，有北者。凡此六者，非天之灾，将之过也。"（第十篇《地形篇》）

迄今为止，在本书的第六章中我们认为积极正面的心理是经营的关键所在，并且介绍了相关的孙子的论述。但是，不仅要思考如何营造其气势，同时也必须考虑"怎样的组织才能使气势长盛不衰"。

当然，孙子说到气势是从战略中而生，若是战术拙劣，那么组织的士气也必定大落，这也是气势衰落的组织形态之一。比如说，乐观地进行一场毫无胜算的战役，若是战败，那么组织内部的士气和心理状况都会恶化。

但最可怕的还是不知原因却不知不觉间士气衰落的组织。孙子也已经敏锐地觉察到了"不知不觉间出现在组织内部的病患"，这即是本节所引用的论述。

孙子认为，一个组织会因为组织内部人员的形态和核心人物的行动而变强或者变弱。正如本节标题所述，孙子注意到从纪律松弛到陷入包围，再到军队崩坏以及战争溃败，战场的将士的行动和心理状况是随着事物发展阶段的不同而不断变化的，这就叫"溃败之道"，同时这句话也道出了士气逐渐衰落的"衰败工程"。

孙子在第十篇《地形篇》中提到的"溃败之道"的例子总共有六个。除了在本节标题引用到的"弛"等四个以外，还有"走""北"这两种"溃败之道"。这两者无一不是在战场物理力学明显弱于对手（我方实力弱小）时，导致我方军队七零八散，溃败逃亡（北）的结局。这两种是拙劣战术的典型例子。除去这两点，我们以组织内部的人员为焦点来思考一下剩下的四种败局。

孙子将军队组织的构成成员从上到下分为卒、吏、大吏、将这四个层级,并且思考了他们之间的人际关系和相处形态会对军队全体的氛围和士气产生怎样的影响。

首先,"弛"和"陷"的区别,在于卒和吏的关系。所谓吏,是指士卒的直属上司,为下级干部。孙子在《地形篇》开头这样说道:

"卒强吏弱,曰弛。"

也就是说,士卒强悍、军官懦弱的,军队就会军纪松弛,即无法约束管理。反过来,军官高明能干,士卒软弱的,军队则会消极怠慢,死气沉沉,接着就是军队被约束管理得太过严厉,实际军队的士气又会低沉。可以想象,一个组织的行动因此变得迟缓。

接下来介绍由于上级干部和将军的行动分别使军队变得衰弱的例子。这两种例子分别是"崩"和"乱",当然,这两种败局要比"弛"和"陷"更加严重,在"乱"和"崩"中,"乱"更为严重。

孙子继续说道,组织崩溃是因为将领思虑浅薄,擅自行动:

第六章 气势是经营的关键

"大吏怒而不服，遇敌怼而自战，将不知其能，曰崩。"

这是说，部将怨怒而不服从指挥，遇到敌人愤然而擅自行动，将帅们又不了解他们能力如何而加以控制，因而导致军队崩溃。如果组织的指挥系统不能正常地发挥作用，并且还有人擅自行动，那么组织因此而分崩离析就不难理解了。

"乱"指组织不成体系、将领无能的情况：

"将弱不严，教道不明，吏卒无常，陈兵纵横，曰乱。"

这句话是说，将帅懦弱缺乏威严、训练教育不明法典、军吏士卒不受军纪约束、出兵列阵杂乱无章叫作乱。因此，军队会兵败如山倒，而这种"乱"比"崩"的事态更加严重。

孙子在指出"溃败之道"以后，明确断言这些败局并非天灾而是将领的"人祸"。对部下的士卒、吏、大吏们的所作所为放任不管，全都属于将领的过失。

但是，想看清这四个阶段的"衰落工程"是否已经出现在自己的组织之中，却意外得艰难。

如，将领想要了解士卒和军官之间的强弱关系，本应传达信息的军官将这些强弱关系传递给上级时是否真的会将"卒强吏弱"的情况如实相告呢？这样说来，根据一些部将的观察，将"卒强吏弱"这种情况向上传达的似乎少之又少。这是因为，一旦报告给上级，若是被上级训斥"为什么会出现这样的情况"，就得不偿失了。

于是，只向上级传达对我方有利等被改写过的信息成为很大可能，在任何人都不曾设防的情况下，这些危险趋势不知不觉间愈来愈严重。

在此基础之上，我们必须认识到，将领其实很难客观地认识到自身的缺点，如部将为何会不满、愤怒，本身能力不足，懦弱又不严格，无法训练掌管部队等。

越是自己组织的缺点，越是难以觉察，这是因为，组织一旦出现衰弱的情况，这种情况就很容易在不知不觉间加重，以致无法自拔。

进入21世纪以来，众多日本企业的国际实力就出现令人担忧的情况，曾在世界上独占鳌头的企业也渐渐走向衰弱。这恐怕正是孙子所说的"溃败之道"已经不知不觉地在企业中间蔓延开来了。

第六章 气势是经营的关键

处于全盛时期的日本企业,无论"卒吏"全都势力强劲。然而,不知是否是由于士卒强劲,出现了一部分软弱的军官。但即使这样,因为士卒强悍,所以企业还是能够取得相应的成绩,只是组织体系已经渐渐松弛了。

于是,不需要多少时日,从士卒一步步晋升为下级干部的群体就会成为战场的中坚人物。一些新的士卒也不断地加入组织,只是他们中的大部分却都是生来就娇生惯养,多少有些软弱。如此一来,强悍的下级干部开始指导比以前弱了的现场。就这样,"卒弱吏强"的情况便出现了,此时组织就会越来越趋于松弛。

在那样的时代,曾经强悍的军官成为上级干部(如事业部部长)以后,面对逐渐松弛的组织便开始焦躁不安。然而,总部对此却不采取合适的方法去解决问题,如此又会招致上级干部对将领的不满。此时基于现场的实际情况他们会实施自己的战略,也可以说是擅自行动。

如果总部没有能力和气魄去阻止这种现象(也就是说将领没有相应的能力),那么真的会如孙子所说,组织将分崩离析。尽管如此,若总部滥用强权去阻止现场的动向,恐怕组织的士气又会越来越微弱。

　　尽管如此,还是希望大部分企业不要陷入乱作一团的地步。而对那些组织内部"病情"已相当严重的企业,复兴的王道是回到原点,即本书第一章第一节所写的经营的本质。

五

兵无常势,水无常形
——经营是变化的

"军队气势不可能一成不变,就像水流没有固定的形状一样,能根据敌情的变化而夺取胜利的,就叫用兵如神了。白天有短长,月亮有圆缺。"

"兵无常势,水无常形,能因敌变化而取胜者,谓之神……日有短长,月有死生。"(第六篇《虚实篇》)

终于到了本书最后一节了,既然是本书的"终止"部分,就以象征孙子思想基本流派以及"势"的盛衰哲学的相关论述作为结束呢。

本节标题这句话出自第六篇《虚实篇》的最后一段。"兵无常势"这句意味深长的论述可以解释为军队气势不可能一成不变。

孙子虽然强调营造气势的战略的重要性，但不愧是孙子，像是放弃了之后的战争一样，孙子也警告道，"虽然时刻都有气势是好的，但是却不能认为一定要时时刻刻都保持同一种气势"。

就如同水无常形一般，军队气势也不可能一成不变，能够根据敌情随机应变而取得胜利，这才是用兵如神的正确做法。一年之中日有长短，月有圆缺（死生），军队气势也有周期性的变化，即不是时时刻刻都保持一致。只有这样才是自然之道。

在《虚实篇》的最后部分的论述，让人自然地联想到这种含义。

原文"日有短长"的前面有"故五行无常胜，四时无常位"这样两句话，考虑到全部将其引用到本节当中未免太过冗长，并且不提到这点对读者来说也许更好理解，所以就将这两句话省略了。但是，如果解释这段话，最好还是提到五行和四时。

五行是指木、火、金、土、水五种气的基本动态，

第六章 气势是经营的关键

木克土,土克水,就像这样,任何一种气的动态都不可能永远处于常胜不败的地位。四时是指春夏秋冬四季,就是说不可能永远都是一个季节。当然,日有长短,而月也有圆缺,自然是根据这样的规律有周期地变化着的。兵势根据一定的节奏不断地变化也是常态。

因此,想要任何时刻都保持军队的士气几乎是强人所难。士气有高涨的时候,之后也必定会有衰退的时候。一次孕育而出的士气,等待它的是衰落的命运,这就是事之常态。为了更好地应对这些,使之有备无患,提前制定好战略才是上上策。

或者说,因为士气太过高涨,也有可能会导致失控的局面,即木石滚动之势太过迅猛的危险。为了防止出现这种失控的局面,在军队产生这种气势以后,经过一段时间,就必须考虑如何有意识地去控制士气。

虽然士气非常重要,但却不能单方面地去思考这个问题,这也正是孙子式的战略性思考的含义吧。

我之所以会做这样的解释,是因为曾阅读过曹操对这句话做的注解。曹操将"兵无常势"这句话解释为

"士气若是高涨,也必定会有衰弱"。另外,对"月有死生"这一段,曹操所做的注解是"军队气势并非一成不变,要根据敌人的动态时而拿出气势,时而有所保留"。

也就是说,曹操的战略性思考是"要有一定规律地去统御全体"。孙子的论述并没有明确地表达出这一点,让人不禁感叹不愧是曹操。也许,曹操一语命中,这就是孙子想要传达的真正含义。

换言之,有意识地变换气势,这对战略性思考而言尤为重要。然而,太过执着于如何创造气势,则有可能变得视野狭窄,为了避免这种情况,就应该去思考有关士气的节奏与规律。

如果不考虑这一点,将会出现怎样糟糕的情况呢?

只要想到所谓士气其实就是集团心理的正面反应这一点,就会马上明白这种状况不可能永远持续下去。不论如何相互激励,也始终会达到极限,这是人之常情。如果忘记这一点,一味地想要不断地保持士气,这在战略上必定出现纰漏。而这种纰漏则可能会让对手有机可乘,或者说会使我军内部心理上的疲劳不断积蓄。

第六章 气势是经营的关键

一旦发展到这种局面,结局一定是在转瞬之间走向下坡路,同时也有出现负面影响的危险性。

孙子的这句话可能会被人理解为,军队士气是需要考虑其规律性的。但是进一步说,需要有一定规律的并非只有军队士气。在各种各样的战略性思考中,一条路走到底最终都会偏离本质。孙子想用来比喻的自然界中,这种单一枯燥的例子也非常少见,而有周期的运动却是无处不在。

正因为如此,我们需要认识到,不仅是军队气势,虚实的律动、迂直的律动、奇正的律动等这些战略基本要素都是有规律性地组合在一起的。

包括此处所引用的《虚实篇》的最后一段,以"月有死生"结尾,其实含义非常深刻。也就是说,《虚实篇》是以"月有死生"作为结尾的。

月有圆缺,是自然界中最有规律的变化现象之一。所以,"具有律动感的战略拥有无穷的变数与强大的驾驭能力"。我想,此处引用的论述的背后含义正是孙子战略性思考的本质所在吧。

在构思本节时我曾思考了"月有死生"这句话的战略性含义。作为孙子兵法的典型示范，我不禁想到了三星。那是将近十年前我被邀请到日本三星董事会做演讲的事情了。

当时我演讲的主题是分析三星的半导体存储器和液晶显示屏的成功战略。在演讲结束以后，一位非常积极的董事问道："老师，您觉得现在三星应该实施怎样的对策？"我不假思索地回答说："月有圆缺。"意思是要以月缺为前提去考虑将来的对策。

当然，那时的我还并不知道此处所引用的孙子的论述。但是，这种自然的法则出现在脑海之中，瞬间就做出了这样的回答。在这段回忆中，或许有些紧张感，但也不过是在一片和谐的气氛中感受到的一瞬间的寒意。

在我看来，想到自然的法则，不仅有一种律动感，也能感受到孙子战略性思考的根本之处，还隐藏着对自然法则的深刻理解与崇高敬意。从自然界的现象中学习社会和人类行动的原理，正是这种感觉。所以才有了积水、木石、千仞之谷、圆石、月、日、五行、四时等这些自然界的比喻贯穿全文。

换言之,孙子想传达的是要注意到以律动感为代表的自然界的轮回转世,以自然法则为基础来思考战略。这能使人联想起老子的哲学思想,这是独具孙子特色的战略性思考。战争、军队、士兵均是有生之灵,战场是这些有生之灵互相交融的场所,如果不遵循生物的自然法则原理,战场上的用兵之道,恐怕也无法立于不败之地。孙子想传达的本质之一,正是这样被总结了出来。

在企业战略方面,情况也完全相同。

企业是有生命之物,而工作人员、组织以及竞争对手也无一例外。

结
余韵

越是深读《孙子兵法》，则越是韵味无穷。而《孙子兵法》又给了我们怎样的启示呢？

说起来，不仅敲钟时有响声，更有在敲钟以后带来的回音，这即是余韵。钟的余韵越是长久，越是令人心情舒适，则越是好钟。

《孙子兵法》也会因读者的不同而留下不同的余韵。正是因为孙子的论述寓意深刻，视点鲜明，涉及范围广泛，才会留下各种各样的余韵。

孙子正直且仔细地观察事物，深入人物内心，用丰富的现场想象力推测实际情况，对于应该采取的行动，总是一针见血地指出其本质。我由衷地感叹道："原来如此，孙子居然能思考到这种程度。"

为"这种程度"所发出的感慨就是留下的余韵,这对我而言,也是《孙子兵法》的余韵之一。

如,在第三篇《谋攻篇》中,有一段著名的篇章,论述敌方与我方战斗力以及用兵之道的关系。这段主要讲述这样一种用兵之道,即"有十倍于敌人的兵力就可以攻城,有五倍于敌人的兵力就可以发起进攻,有两倍于敌人的兵力,就要设法分散敌人兵力"。说完这段取胜方法之后,接着又出现了如下一段话:

"少则能守之,不若则能避之。"(第三篇《谋攻篇》)

如果兵力少于敌人,就要善于摆脱敌人。孙子指出,因为和敌人兵力悬殊,所以必须避开危险将自己藏于安全之处,包括我军与敌军实力相差十倍处于压倒性劣势的状况下,考虑问题更要顾及方方面面。

在此基础之上,《孙子兵法》一书写到了逃跑、躲藏是应对特殊状况时最佳的"认输方法"。本应是撰写取胜方程式的书籍,竟然提到"认输方法",实在令人惊讶。确实,简单的战场物理力学原理,适用于所有的状况,如果是我写,可能最终也不会触及战败的情况。

结 余韵

因此，才会出现居然能想到"如此程度"的余韵。

另外，在第七篇《军争篇》中，论述集中统一方法及其重要性的段落里有这样一段话：

"民既专一，则勇者不得独进，怯者不得独退。"（第七篇《军争篇》）

在现场，统一思想、统一行动方向的重要性不言而喻。集团行动之所以需要统一，是为了防止勇敢的人单独前进以及怯懦的人单独后退，在这两方面都起到一定的作用，孙子此言瞬间让人恍然大悟。

确实，现场之所以会混乱，是因为在某处出现了擅作主张的行动，孙子冷静地考虑到，无论是单独前进还是单独后退，其实都是一样的糟糕情况。一般而言，是不是会更加容易注意到想要逃跑之人的姿态。

孙子除真实地再现了现场容易发生的事例外，还非常正确地指出了对于全体而言，何为重要之物。所以，此处才会产生"原来如此"的余韵。

在此之上，孙子认为"在形与虚实上下足功夫，以此来营造出气势"，在《形篇》和《虚实篇》中，孙子曾就兵形做了无数论述，然而在结尾部分，却出现了如同定论似的反论。

即"*形兵之极，至于无形*"。（第六篇《虚实篇》）

这句话是说用兵作战若是能够做到使人看不出行迹，对方自然也无计可施，当然也不会明白为何战败。

确实，需要做到毫无痕迹，这一点不难理解，但是在这句话中，对"形"进行了各种各样的考察，可以说这是只有登峰造极之人才能有的言论，只有真正理解这一点，才能理解这句话的真实含义。而在这种理解中，也生出了余韵。

到此为止，我举了三句能够感受到余韵的论述，实际上在《孙子兵法》一书中，到处都充斥着这样能够感受到余韵的论述。

所以，在读完《孙子兵法》一书后，萦绕于读者内心的余韵不断积淀起来，绕梁余音，不绝于耳。

余音的深度与广度，就成为《孙子兵法》一书的余韵。而这种余韵，早已使《孙子兵法》不仅仅是一本兵书，同时也升华成一本人生之书。

后　记

虽然以"余韵"这一词结束了本书,但是作为作者,我其实心中尚留余韵。这是一本撰写过程非常愉快的书籍。孙子的言论令我产生无限思考,这件事本身就令人非常愉快;另外,思考如何将我的感受传达给读者,这件事也令人心情愉悦。

本书与《孙子兵法》的结构完全不同,是基于经营世界的体系来设置各个章节,内容也有一定的替换。每节的标题都引用孙子的论述,我在思考这些论述时,以之为基础,探索其对经营世界的适用性,以此著成本书。本书每节3000字左右,篇幅短小,易于阅读。

我在最初构想本书时,不由产生了以这种风格成书的想法。也许是意识到了这是作为经营学者所写的有关孙子的书籍。我相信,相较于之前出现的许多与《孙子兵法》相关的书籍，本书将会带来一些不同的观点。

为了著成本书，从《孙子兵法》一书中选取的名句，仅仅计算标题不过三十句。同时，我也深刻地认识到，这三十句名言不过是"伊丹流"在阅读《孙子兵法》这一成果时所品尝到的美味之处。对作为读者的大家而言，我还是非常希望各位能够阅读原著，相信大家一定能从本书没有摘选的论述中，受到很深的启迪。

然而，《孙子兵法》原本就是兵书，可能更多的地方描写的都是有关战争的细节。比如说，关于军队的构成写到了战车一千辆，配有武器的士兵一万人等。这在对现代经营持有兴趣的读者看来，可能显得太过啰唆冗长。因此，我才想根据经营体系将其内容重新进行编撰整理。

这本书是意料之外的作品。在《经营战略的逻辑》一书的修订本执笔结束以后，责编堀口祐介先生提出是否可以写一本有关孙子的书籍。时值 2012 年春天，可能是注意到了我在《经营战略的逻辑》的书稿中引用了几处孙子的言论。

在撰写《经营战略的逻辑》修订稿时，我重新阅读了

后　记

《孙子兵法》，感到其内涵深刻也确属实。但是，当时我还是以"我怎么写得了孙子？"这样的理由轻易地拒绝了这个建议。只是仔细想来，在我30年前撰写《经营战略的逻辑》的初版时，其实就已引用了孙子的言论，显然，这种共鸣也是从很早以前就已存在了。

此外，也许是因为年龄的关系吧，近来我所阅读的中国古典作品也越来越多，于是决定接受堀口先生的提议。对我自己而言，作为经营学学者，从经营的观点来解读《孙子兵法》，也是一件饶有趣味的事情。

由中国史学家和战争史学家著成的有关孙子的注解书虽为数众多，但从这种观点出发的书籍却实属罕见。同时，市场上面向一般读者对《孙子兵法》进行改编的书籍更是多如牛毛。而我可能是属于不同的类型——作为活跃在一线的经营学学者，来编撰此书恐怕还前例甚少。

因此，我的解读可能稍微有些"晦涩难懂"。对此，我只能答道："这毕竟是伊丹所写的有关孙子的书籍，也是没办法的事。"不过，我也衷心地希望能有读者觉得这本书虽然有点难,但是也因此很好地了解了《孙子兵法》与经营之间的关系。

如果不能做到这一点,岂不是枉费了给我提出建议并且迅速编辑此书的堀口先生的好意。从提出企划到编辑成书,有的只是说不尽的感谢之语。

时下正值孙子相关的书大量面世的时代,我想要书写有关孙子的书籍,恐怕也正是这时代潮流的走向之一。

不论是视点的深度,还是丰富的比喻,抑或是具体的建议、微妙的深入观察、锐利的表达,从任何一点来看,《孙子兵法》都是一本让人铭刻在心并且能够感受到余韵的著作。当下的日本,需要的或许正是孙子。

伊丹敬之
2014 年 5 月